海上絲綢之路基本文獻叢書

航海述奇
清入關前與高麗交涉史料

〔清〕錢鍇 譯／國立北平歷史博物館 編

文物出版社

圖書在版編目（CIP）數據

航海述奇 /（清）錢錯譯. 清入關前與高麗交涉史料 / 國立北平歷史博物館編. -- 北京 : 文物出版社, 2022.7
（海上絲綢之路基本文獻叢書）
ISBN 978-7-5010-7628-4

Ⅰ. ①航… ②清… Ⅱ. ①錢… ②國… Ⅲ. ①游記－世界－1860-1870 ②中朝關係－外交檔－1636-1643
Ⅳ. ①K919 ②D829.312

中國版本圖書館 CIP 數據核字（2022）第 097164 號

海上絲綢之路基本文獻叢書
航海述奇・清入關前與高麗交涉史料

編　　者：〔清〕錢錯　國立北平歷史博物館
策　　劃：盛世博閱（北京）文化有限責任公司

封面設計：鞏榮彪
責任編輯：劉永海
責任印製：張　麗

出版發行：文物出版社
社　　址：北京市東城區東直門内北小街 2 號樓
郵　　編：100007
網　　址：http://www.wenwu.com
經　　銷：新華書店
印　　刷：北京旺都印務有限公司
開　　本：787mm×1092mm　1/16
印　　張：13.25
版　　次：2022 年 7 月第 1 版
印　　次：2022 年 7 月第 1 次印刷
書　　號：ISBN 978-7-5010-7628-4
定　　價：98.00 圓

總緒

海上絲綢之路，一般意義上是指從秦漢至鴉片戰争前中國與世界進行政治、經濟、文化交流的海上通道，主要分爲經由黄海、東海的海路最終抵達日本列島及朝鮮半島的東海航綫和以徐聞、合浦、廣州、泉州爲起點通往東南亞及印度洋地區的南海航綫。

在中國古代文獻中，最早、最詳細記載『海上絲綢之路』航綫的是東漢班固的《漢書·地理志》，詳細記載了西漢黄門譯長率領應募者入海『齎黄金雜繒而往』之事，書中所出現的地理記載與東南亞地區相關，并與實際的地理狀况基本相符。

東漢後，中國進入魏晋南北朝長達三百多年的分裂割據時期，絲路上的交往也走向低谷。這一時期的絲路交往，以法顯的西行最爲著名。法顯作爲從陸路西行到印度，再由海路回國的第一人，根據親身經歷所寫的《佛國記》（又稱《法顯傳》）一書，詳細介紹了古代中亞和印度、巴基斯坦、斯里蘭卡等地的歷史及風土人情，是瞭解和研究海陸絲綢之路的珍貴歷史資料。

隨着隋唐的統一，中國經濟重心的南移，中國與西方交通以海路爲主，海上絲綢之路進入大發展時期。廣州成爲唐朝最大的海外貿易中心，朝廷設立市舶司，專門管理海外貿易。唐代著名的地理學家賈耽（七三〇～八〇五年）的《皇華四達記》記載了從廣州通往阿拉伯地區的海上交通『廣州通夷道』，詳述了從廣州港出發，經越南、馬來半島、蘇門答臘半島至印度、錫蘭，直至波斯灣沿岸各國的航綫及沿途地區的方位、名稱、島礁、山川、民俗等。譯經大師義净西行求法，將沿途見聞寫成著作《大唐西域求法高僧傳》，詳細記載了海上絲綢之路的發展變化，是我們瞭解絲綢之路不可多得的第一手資料。

宋代的造船技術和航海技術顯著提高，指南針廣泛應用於航海，中國商船的遠航能力大大提升。北宋徐兢的《宣和奉使高麗圖經》詳細記述了船舶製造、海洋地理和往來航綫，是研究宋代海外交通史、中朝友好關係史、中朝經濟文化交流史的重要文獻。南宋趙汝適《諸蕃志》記載，南海有五十三個國家和地區與南宋通商貿易，形成了通往日本、高麗、東南亞、印度、波斯、阿拉伯等地的『海上絲綢之路』。宋代爲了加强商貿往來，於北宋神宗元豐三年（一〇八〇年）頒佈了中國歷史上第一部海洋貿易管理條例《廣州市舶條法》，并稱爲宋代貿易管理的制度範本。

元朝在經濟上採用重商主義政策，鼓勵海外貿易，中國與歐洲的聯繫與交往非常頻繁，其中馬可·波羅、伊本·白圖泰等歐洲旅行家來到中國，留下了大量的旅行記，記録元代海上絲綢之路的盛況。元代的汪大淵兩次出海，撰寫出《島夷志略》一書，記録了二百多個國名和地名，其中不少首次見於中國著録，涉及的地理範圍東至菲律賓群島，西至非洲。這些都反映了元朝時中西經濟文化交流的豐富内容。

明、清政府先後多次實施海禁政策，海上絲綢之路的貿易逐漸衰落。但是從明永樂三年至明宣德八年的二十八年裏，鄭和率船隊七下西洋，先後到達的國家多達三十多個，在進行經貿交流的同時，也極大地促進了中外文化的交流，這些都詳見於《西洋蕃國志》《星槎勝覽》《瀛涯勝覽》等典籍中。

關於海上絲綢之路的文獻記述，除上述官員、學者、求法或傳教高僧以及旅行者的著作外，自《漢書》之後，歷代正史大都列有《地理志》《四夷傳》《西域傳》《外國傳》《蠻夷傳》《屬國傳》等篇章，加上唐宋以來衆多的典制類文獻、地方史志文獻，集中反映了歷代王朝對於周邊部族、政權以及西方世界的認識，都是關於海上絲綢之路的原始史料性文獻。

海上絲綢之路概念的形成，經歷了一個演變的過程。十九世紀七十年代德國地理學家費迪南・馮・李希霍芬（Ferdinad Von Richthofen，一八三三～一九〇五），在其《中國：親身旅行和研究成果》第三卷中首次把輸出中國絲綢的東西陸路稱爲『絲綢之路』。有『歐洲漢學泰斗』之稱的法國漢學家沙畹（Édouard Chavannes，一八六五～一九一八），在其一九〇三年著作的《西突厥史料》中提出『絲路有海陸兩道』，蘊涵了海上絲綢之路最初提法。迄今發現最早正式提出『海上絲綢之路』一詞的是日本考古學家三杉隆敏，他在一九六七年出版《中國瓷器之旅：探索海上的絲綢之路》中首次使用『海上絲綢之路』一詞；一九七九年三杉隆敏又出版了《海上絲綢之路》一書，其立意和出發點局限在東西方之間的陶瓷貿易與交流史。

二十世紀八十年代以來，在海外交通史研究中，『海上絲綢之路』一詞逐漸成爲中外學術界廣泛接受的概念。根據姚楠等人研究，饒宗頤先生是華人中最早提出『海上絲綢之路』的人，他的《海道之絲路與昆侖舶》正式提出『海上絲路』的稱謂。選堂先生評價海上絲綢之路是外交、貿易和文化交流作用的通道。此後，大陸學者馮蔚然在一九七八年編寫的《航運史話》中，使用『海上絲綢之路』一詞，這是迄今學界查到的中國大陸最早使用『海上絲綢之路』的人，更多地限於航海活動領域的考察。一九八〇年北京大學陳炎教授提出『海上絲綢之路』研究，并於一九八一年發表《略論海上絲綢之路》一文。他對海上絲綢之路的理解超越以往，且帶有濃厚的愛國主義思想。陳炎教授之後，從事研究海上絲綢之路的學者越來越多，尤其沿海港口城市向聯合國申請海上絲綢之路非物質文化遺産活動，將海上絲綢之路研究推向新高潮。另外，國家把建設『絲綢之路經濟帶』和『二十一世紀海上絲綢之路』作爲對外發展方針，將這一學術課題提升爲國家願景的高度，使海上絲綢之路形成超越學術進入政經層面的熱潮。

與海上絲綢之路學的萬千氣象相對應，海上絲綢之路文獻的整理工作仍顯滯後，遠遠跟不上突飛猛進的研究進展。二〇一八年厦門大學、中山大學等單位聯合發起『海上絲綢之路文獻集成』專案，尚在醞釀當中。我們不揣淺陋，深入調查，廣泛搜集，將有關海上絲綢之路的原始史料文獻和研究文獻，分爲風俗物産、雜史筆記、海防海事、典章檔案等六個類别，彙編成《海上絲綢之路歷史文化叢書》，於二〇二〇年影印出版。此輯面市以來，深受各大圖書館及相關研究者好評。爲讓更多的讀者親近古籍文獻，我們遴選出前編中的菁華，彙編成《海上絲綢之路基本文獻叢書》，以單行本影印出版，以饗讀者，以期爲讀者展現出一幅幅中外經濟文化交流的精美畫卷，爲海上絲綢之路的研究提供歷史借鑒，爲『二十一世紀海上絲綢之路』倡議構想的實踐做好歷史的詮釋和注脚，從而達到『以史爲鑒』『古爲今用』的目的。

凡例

一、本編注重史料的珍稀性，從《海上絲綢之路歷史文化叢書》中遴選出菁華，擬出版百册單行本。

二、本編所選之文獻，其編纂的年代下限至一九四九年。

三、本編排序無嚴格定式，所選之文獻篇幅以二百餘頁爲宜，以便讀者閱讀使用。

四、本編所選文獻，每種前皆注明版本、著者。

五、本編文獻皆爲影印，原始文本掃描之後經過修復處理，仍存原式，少數文獻由於原始底本欠佳，略有模糊之處，不影響閲讀使用。

六、本編原始底本非一時一地之出版物，原書裝幀、開本多有不同，本書彙編之後，統一爲十六開右翻本。

目録

航海述奇　錢鍇　譯　清光緒二十九年文明書局鉛印本……一
清入關前與高麗交涉史料　國立北平歷史博物館　編　民國二十二年鉛印本……四三

航海述奇

航海述奇

錢錯 譯

清光緒二十九年文明書局鉛印本

航海述奇

航海述奇

英國史穀德譯阿臘伯原本
無錫錢鍇重譯

第壹章

當黑廬臘希時代。排倍特之地。有肩夫歆倍特者。素窮困。一日天氣甚暖。負擔遠適路遙未得達。憊甚。經一處。見路人洒道。點埃不驚。徐覺柔風拂面。歆倍特流連其地之風景。心甚暢悅。即釋擔憩道左。仰首見有巨宅一所。俄而微聞薝蔔之香。氤氳成氣。來自室中。又聞音樂之聲。與鳥鳴相錯雜。歆倍特聞是馥郁之味。靡靡之音。知室中必有宴會者。竊自思念。自任擔負之役。罕遘此暢心之境遇。遂詣其宅。見門者咸麗服。即前訊此室之主人爲誰。門者曰。汝居排倍特之地。未知環遊瀛海最著名之航海家新倍特耶。歆倍特聞是語。不禁撫膺而歎曰。彼殷富若此。而予困苦顚連。天之於我兩人。胡位置若此其懸殊耶。言語之際。神情悽然。復仰天而呼曰。天乎。吾每日歷苦履艱。猶不能得麤糲之麪包。以飽妻孥。新倍特消靡巨貲。終身奢樂。彼何修而得此無限之樂。余何不幸而遇此無窮之苦耶。言已。悵然頓足。悲不自勝。當此之際。忽一僕自內出。執其手曰。主人延汝入。歆倍特當悲憤之餘。忽聞是語。不勝驚疑。恐主人咎其無禮。向門者乞曰。余所負之物。釋道左。余入恐爲鼠輩所竊。爲我敬謝主人可乎。諸僕咸曰。我曹爲汝守之。汝入無慮也。歆倍特無如何。遂入。一僕導之。至一室。羣客咸集。案上殽品紛陳。一魁偉皓髯者居首座。僕輩屏氣斂息。侍其後。僕人私謂歆曰。此即新倍特也。歆見侍者甚衆。陳設極奢。致禮而不覺悚然有懼色。新倍特延之坐。親執杯酒奉歆。歆倍特受之。飲已。新倍特與之互譚。徇阿臘伯之俗。約爲兄弟。以申親愛之情。既訊歆姓名及所業。歆即以歆倍特對。新倍特曰。吾邂逅識君。樂甚。頃君所言。吾略有所聞。願君爲我重言之。蓋歆倍特向天自語之際。新倍特自窗內已悉聞其語。故俾僕延之入也。歆知適所言者。已爲新所聞。赧然有慚色。乃俯首而對曰。我知罪矣。我以困苦之餘。不禁發爲牢騷之語。幸恕其疎狂之罪。無芥蒂於此。新倍特曰。余甚愛君。非有所責於君也。如君所言。非知我者。君謂余甚樂而無所困乎。顧余亦非常此安樂者。余閱歷艱苦。殆較他人爲尤甚。言已。顧諸客而言曰。願爲諸君縷述曩時之情事。余所歷之境。雖於困苦界中閱歷深者。聞吾之言。莫不氣喪神沮。余蓋由此困苦以有今日之富。余航海七次。屢蹈危險。至今思之。猶心悸不止。諸君或亦未知其詳。請述所遭。聊以佐酒。言至此。命僕取歛倍特之物以進。

第貳章

新倍特曰。予父早世。遺產頗多。予少時。已揮霍殆盡。少長。知前此之非。自恨不肖。不能守祖父遺業。復念以前無價之光陰。半皆虛擲。悔恨實深。予父生前。嘗以沙羅門之語誡余曰。貧之苦。殆甚於死。思之黯然。遂盡售餘產。挾貲航海。與商人游。厥後常以沙羅門之言自警守此餘貲日者偕數人航海作賈。從排沙羅起行。至印度河路經波斯灣。人嘗言此河最濶處。相距有七十里。其東海面之廣。始與印度河等。其一面即阿勃與奈之海岸。離凡誇茫耳約四千五百里。予初歷洋海。困暈舟。然身尚健。後漸成疾。苦之。路經數島。每至。輙登岸遊覽。並貿易焉。一日舟行。遙見一島。草色迷離。浮於海面。既至。舟人下碇泊焉余與數人登島遊眺相與席地圍坐。取食物果腹少選島忽自動飄蕩無定。余駭極。不知所爲。忽聞舟人呼曰。速登舟緩則溺矣。始悟此實非島。爲海中怪物捷足者遂登舟尾之單檣艇。他或泅水登舟。舟即揚帆遠去。惟予獨留怪物之背。致溺於海。幸余溺水時。得舟中炊飯之木。遂緊抱之。隨波逐流。閱一晝夜。力漸竭。忽一巨浪。擲天簸地而來。余逐浪還流。自分必死。忽傍一島。岸險仄殊甚。叢林鳥道。幾於無路可登。幸有樹數枝。橫生岸側。遂攀樹以上。使無是樹。殆終不免爲波臣。既登岸。因頓殊甚。遂偃臥岸上。迨日出。雖已力竭不可振。然焰火中燒。饑不可忍。不得已匍匐而行。覓草根果腹。復得清泉一穴。藉以解渴。此皆天賜。殆非偶然。既食。體漸舒。縱目四顧。遙見嫩翠。一。抹。撲入。眉。間。約畧。似草。地。隱約。間。似。有。馬。食。草。於。場。余躊躇欲至馬所。冀得救。又恐或遇他變。行而卻步者再。既思自拚一死。姑往覘之。至其地。見馬繫於樹。頗極精彩。余贊美之。忽有人從余身後來。訊余何人。余歷陳所遇。其人即握余手。導入一巖穴中。先有數人在焉。始見余。似甚駭怪。既入彼。乃以食物餉我。余稍嘗之。還詰其在此奚爲。皆曰。我曹皆總統馬赫臘之牧馬者也。歲有定期。必爲總統牧馬於此。復曰。余等明日當歸。汝若遲一日至。必死於此矣。此地離居民甚遠。非有人導。不能達也。翌日。諸人與余偕行。驅羣馬。達其都城。並引余謁其總統馬赫臘。馬赫臘訊余何人。並問余何以至此。余詳對之。馬赫臘曰。余甚憐汝之遭遇。汝胡不幸若此哉。遂命僚屬優欵余。僚屬承命。毋敢稍慢。余爲商人。居此亦常與其商人遊。冀商人來往。或得排倍特之近狀。且欲乘機作歸計。余嘗覽其形勢。知馬赫臘之城臨海濱。其海濱有商埠。每當夕照將西。則青雀黃龍。輳集其下。余又嘗至印度講學會。頗樂聞其語。此外惟常謁馬赫臘與其僚族。談海外之風景。及余所遭奇險。以遣愁悶。彼等嘗發問題數千。訊我國之政教。余亦詳訊其政治風俗法律。據其所答。察其政。條理井然。不少紊焉。馬赫臘有一屬地。名開名司耳。人言其地。每至夜間。常聞鼓聲。達旦始絕。其地有數水手。皆老於航海者。留心攷察。謂其下爲水神所居。每夜必鼓。故有是聲。余異之。駕扁舟往探其迹。於海中見怪魚甚衆。有巨魚長及二十丈。而畏怯殊甚。聞聲即躍去。又有魚長約二尺許。而其首類鴞者無數。餘未能悉舉其狀類。余既遊其地。返馬赫臘城。一日。余閒行海口。適一舟至。始繫維。其舟主立船首。命舟人運貨赴海關。余以思家之情甚切。每舟至。必訊所從來。藉探桑梓之耗。既隱察其貨色。見上有字跡。諦覤之。則新倍特也。余大疑。恐商人有同名者。猶豫未敢信。復細察其顏色狀式。決爲余之故物無疑。且舟人中猶有彷彿能識者。不禁狂喜。然度舟主意予必死。且不見已久。或不復相識。遂登舟。伴訊此物之主爲誰。主人聞言其貌若甚戚者。告余曰。此物之主。爲排倍特之商人。名新倍特者。是人初與余作貿易。航海偕行。一日至一島。與舟人登岸。不知所謂島者。實爲海中鯨族。浮水面。誘人以登。沉溺以資其食。舟人誤登其上。魚覺而入水。致溺數人。新倍特不幸。亦罹是厄。今新倍特往矣。雖然此物者固新倍特之物也。吾擬代爲經營。稍權子母。異日畀其妻孥。俾此物終歸故主。言已不勝唏噓。余即曰。君謂物主已喪。豈知所謂新倍特者。固尚在人間乎。主人怪而問曰。然則安在。余曰。請視某。余即物之故主新倍特也。主人乃大聲呼曰。天下有是理哉。舟人悉見其巳死。汝貿然以新倍特自認。胡顏厚一至視。汝貌誠篤。故不憚口舌之勞。爲道顛末。今妄言若此。甚矣以貌取此耶。吾人之果不足持也。當其言時。若嗔若噬。令人不得置喙與辯。俟其詞之畢。乃徐謂之曰。余實唐突。幸君少息怒。俾得罄其情。主人曰。甚善。余姑聽之。於是詳告以離險至此之由。主人始聞而疑。繼似微信。終乃釋然無疑。舟人旋亦悉集。猶有人能識悉余狀貌者。聞余言。瞠目相向。以爲得神助。益來親余。船主執余手而言曰。君得天佑。吾心慰矣。物皆在是。請即歸君。以畢吾志。余稱謝其情之殷。均吾物以酬主人。主人堅不納。余復擇其尤貴者。以贈其國總統馬赫臘。馬赫臘知余素窮困。詢是物怪之所從來。余乃詳告得遇舟主事。馬大悅。納之。贈他物爲報。余謝馬赫臘。並以返國告。馬知余思家之情不可奪。亦不稍挽留。惟臨別依依。殊難爲懷耳。將歸之先。悉售余貨於其國。而販其土產蘆薈、丁香、樟腦、以歸。途中經歷數島。雖皆風景可觀。而余歸志綦殷。未暇遍覽名勝。惟於海天一碧間日望排沙羅之至而已。既至。携所得司君司（英金幣名）十萬。登岸入城至家。與家人相叙。咸怪余出外之久。及聞余遭遇之險。又莫不舌撟心駭。爲余幸慶。於是傭奴婢。營田園。搆堂築室。極輪奐之美。蠲復先人之舊觀。吾亦將終老此鄉。不復作出山志矣。

新言至此。忽止。命奏樂。以爲述第一次航海之紀念。衆客聞其言。皆以爲咄咄怪事。至暮。盡歡而散。新倍特別贈歆倍特以司君司百。而囑其明日來此。聽其述第二次航海之事。歆倍特得此巨金。喜過其望。歸家。妻孥詫爲奇遇。驚喜之餘。反疑夢幻。翌日。歆易華服。復至新家。新聞其至。倒履迎之。相待益優。少時。客復集。張筵饗客。歆復預焉。筵既徹。新倍特起而言曰。諸君不厭聞吾第二次航海之情乎。余第二次航海。更離奇於前所遭有足動人聽聞者當是時言聞一室咸凝神傾耳俟之。

第三章

新倍特曰、余既歷第一次航海之厄將居排倍特之地以怡暮年食吾貲以盡吾齒此意昨巳言之雖然、果將鬱々拘守田園予一生之事業個人之義務遂敢自謂盡乎反身一省銳進之志不禁如餤之熾而不可遏此第二次航海之潮所以又隨之而起也。予偕海客數輩駕巨舟。携貨出海外。藉貿易遊歷各島。當離海口。出大洋。白浪拍舟怒濤撼天濕欄四眺無異疇昔一日天色晴朗波濤不興乘風前駛遙見一島浮聳海面及至。叢林巨木葱鬱沈陰藤葛荆榛迭生怒長譒其地。人烟絕跡。鷄犬無聞。似未經人足者。然可知其地確爲島嶼。決非魚族所可僞爲。遂偕數人登岸。憩荆榛間。或摘果解渴。或折花飾襟。而余獨携斗酒席地坐草上以紓連日舟中積悶酒後微酣不覺陶然睡去及醒而舟巳失所在大驚自亦不知巳睡幾時。急起四望遙見一舟破浪乘風冉冉入水雲之際而沒。諸君諸君。試想此時此境。當之者何如。以孑然一身。留此絕域。其尙有生望哉。余亦自知不可得生。向天揮淚。偃臥於地。觸首椎胸。以自訴詈。慘痛之念。

岔輪轉於胸中。自歎前未葬身魚腹。今乃餓死荒區。天之待余。亦云苛矣。然余於此時。雖淚涸心灰。夫復何岔。遂攀登林際。極目四顧。以冀得一綫生機。顧唯見波濤連天。一碧無際。此時之涕淚。不禁潸潸下矣。正悵望間。忽覩一物。遙接林際。潔白精瑩。耀人眼目。度必矗然孑立之巍閣。及至。則其物周約五十步。光澤如晶玉。余周視其下。殊不得其門而入。將欲憑眺其上。又無階級可登。窮索極思。終莫辨爲何物。少時。夕陽西下。星月無光。四望朦朧。恍如夢境。隱約間有一怪鳥。張翼蔽天而來。余猛憶舟人之言。謂非洲之陸產大鳥。能食人。厥名曰鵒鷉。其卵大似巍塔。余諦視此物。一如舟人所云。始悟此物爲鵒鷉之卵。適來之鳥。即鵒鷉也。鳥既飛集地上。以翼覆卵。余潛至其前。見其一脛之大。幾如豫章巨木。余於此際。忽得一計。思昔人有乘紙鳶升高以探全島之形勢者。余得遇此鳥。或者神爲之助乎。遂解巾自縛於大鳥足上。冀其飛至大陸。俾余離此絕域也。天既曙。鳥即挈余高舉。當其至雲霄間。第覺天中日暗耳。後風生。張目俯視。則驚濤駭浪。排岳撼山。海天蒼茫。彌望無際。俄而鳥忽下集。是時驚魂無定。覺已至地。立解所繫。甫脫。鳥已啣白蟒一條。戛然沖霄而去。少選。神漸定。四顧皆山。高巒霄漢。巖石傾仄。徑路崎嶇。蜀道之難。鳥足方此。自念纔離絕島。又入窮山。豈余之命果當死乎。徘徊谷中。轉輾無策。俯視谷底。玉石金礫。燦然耀目。然居此絕域。雖得纍纍奇珍。而寒不可衣。饑不可食。對之正徒增欷。正旁皇間。忽見巨蟒匿谷中。目巨如斗。不覺股腹慄。此種蛇類。其大不可名狀。度其最小者。亦必以象爲食。其狀概可想見。然此蛇獨畏鴿鵰。故晝匿夜出以避之。日中雖可得食。亦不敢肆毒。余蓋因是獲免焉。然思露宿谷中。終不免爲所食。於是盤坐石上。思欲得一暫避之地。遍索谷中不可得。迨夕陽已西。始得一穴。可容數人。余叠石砌其穴。留一孔。可容出入。遂宿其中。取囊底殘餱。果餓腹。至夜。羣蛇啾々戶外。終夜不去。諸君諸君。試思此時之境。我尚復能寢乎。達旦。羣蛇始四散去。余潛出穴。不禁寒抖。齒爲之戰。舉目惟寶石纍纍。亦無意視之。少頃。探囊餱果腹。倚石少睡。將欲成寢。忽有巨物墜余傍。礰然有聲。急起視之。則一生脯也。方驚怪間。則繼之墜者不絕。先是舟人嘗言商人從山中採金剛石。當鷹哺乳時。以生脯墜山後。脯與石相吸。鷹銜其脯入巢。即掩取之。以爲常法。且言此鳥力健非常。能攫數十磅重物。余嘗疑之。至此憶其語。自言曰此非商人採金剛石乎。果爾或可得生。遂擇金剛石之尤大者。置囊內。而以肉裹其身。偃臥於地。俄而黑鷹漫天而來。爭奪其脯。中一尤健者。眼甚捷。攫余面飛。衆莫敢奪。余閉目聽之。第覺風聲颼飀。不絕於耳。半晌忽寢。繼乃聞爭啄之聲。余啓目潛視。則身臨絕頂。臥鳥巢中。羣鳥相爭相食肉。未既。忽聞人聲喧鬨。鳥即遠去。余知商人之來。起解所縛。將下。忽一人入巢中。見余驚而却走。繼復向前大肆詬詈。幷執余謂竊其物。余告之曰。幸勿怒。請一述所遭。汝謂我竊金剛石乎。余之所得。當十倍君等。且皆非君等所能得者。如謂余言之謬。請視囊底。言未畢。衆商聞聲悉集。見余。咸以爲怪。及余詳告之。殆釋其疑。乃導余至其家。啓余囊。咸驚爲稀世之珍。且自言自採此石。經數十年。歷數十嶺。從未見石巨若此者。余即羅陳其石於案。任商人擇之。商人愛石中最小者。余請益之。彼答曰。余得此已足一生航海之貲。何敢奢望。且較他人所得。已不可同日語矣。夜分。促膝與商人述被險之情。翌日。偕商人同歸。道中遇羣蛇。幸未爲害。達海口。乘舟至羅赫島其地產樟腦。厥樹極大。枝極密。蔭可蔽百人。其液即爲樟腦。取液之法。鑿孔於幹。液即由孔流出。盛以器。鍊而爲樟腦。厥樹既取其液。即枯槁以死。其地又產犀牛。犀之爲獸。小於象而大於犂。其鼻有角。長約二尺。甚堅銳。角中有一隙。常發白光。能燭人形。是獸常與象鬬。以角觸象。破其腹。象血或濺犀目。即眇不能視。而踣於地。其愚可嗤。鷙鴞因攫其肉。以哺其雛。余在是島。曾攷察其物產。與夫各物之情狀。可奇可笑。可驚可怪之事。更難數述。諸君或厭聞之。請俟異日。余在是島。悉售所得之石。以貲作賈。由此復歷數島。而至排沙羅商埠。由排沙羅而歸。至家。家與人相見。兒女之情。不免悲喜交集。此亦人之常情。後益紓貧困。不敢自安於奢樂。此吾海第二次之顛末也。新倍特言既畢。復厚贈歆俾明日復來。諸客次第去。歆於此時。前航此怨恨之心。已消靡於不自知矣。

第四章

明日諸客復集。新倍特曰。余憶從前險阻。見波濤而眉蹙然。顧男兒作事。寧避嶮巇。余方富於年華。不覺雄心又起。於是有第三次航海之事。余自排沙羅乘舟遍歷各島。迄未遇險。一日從一島起行。出海口。忽遇颶風。不得進者數日。一日正駕帆欲前。忽水波拍天。暴風驟甚。舟不自主。隨風漂至一島。是島向不停舟。然風急潮阻。勢不得前。不得已暫泊於此。既下椗。舟主告余等曰。隣近數島。產野人。毛長而身短。見人至。必來格鬬。

若或傷。之必蜂湧而來。我曹勢能敵。必盡爲所殲。不禦亦不免於禍。爲之奈何。諸客聞之。驚駭相視。方議所以避之之策。舟人忽大聲呼曰。野人泅水來矣。余亟視之。見其人身長約二尺。勢甚兇猛。及至。環繞吾舟。向余等作語狀。啾啾莫達其意。旋即登舟。狀極可怖。無敢禦之者。瞬息間。彼即棄帆於波。絕舟維。逐余輩登岸。既合力曳舟上陸。挈之而去。吾等受此苦厄。欲泣不得。欲拒不能。此情此際。實有不堪言喻者。見其既去。佇立遠視。不知所爲。既摘果實以食。苟延殘喘。自分必餓於此。乃復前行。隱約間似有樓閣。遙出林際。至其地。則構造壯麗。狀類王宮。黑門半掩。我儕推門而入。至中庭。有廣廈一所。外繞遊廊。其傍人骸相枕藉。復見傍陳鐵槊。其下猩血未乾。覩此不勝股慄。知此間必非樂土。然已力竭神疲。遂偃臥於地上。相對默然。悉無人色。余等處此危地。至今思之。猶覺毛髮竦然也。薄暮。轟然有啓門聲。余等相顧失色。見一黑人自內出。長類棕櫚。唯一目生當額上。赤若燃炭。其前牙甚鋒銳。口廣濶。類馬唇。下垂及胸。厥耳類象。肩可承之。厥爪似鷹。銳長無匹。余等見之。神魄飛越。狀如死尸。莫知所措。繼見其坐廊廡間。目眈々視良久。忽起。至余前。攫余頸。挈之而起。如舉雛鷄。復攫他人。如較衡重輕。以視肥瘠者。及舟主。身最肥。遂攫之而去。刺於槊。燎柴燔之。腥不可聞。既熟。鶉然大嚼。食畢。鼾睡廡下。聲若巨雷。余等睹此可慘可悲可傷可哭之事。股慄心驚。終夜不能成寢。諸君諸君。試思我曹之心。此時百折千廻。爲作何景狀。及曙。黑人啓戶去。余等度其既遠。始敢互相低語。或嚶々啜泣。相對黯然。既謀所以圖之。而輾轉思維。迄無善策。惟有同聲一哭。委命於天而已。雖然猶作萬一希冀之望。或得遇救於人。相率出門遍覓。迄無人跡。腹餓。摘樹實果腹。至暮。欲求一寄身之地。迄無所得。不得已仍歸屋中。俄而黑人復來。余等心胆俱碎。不幸復爲攫去一人。刺之於槊。燔而食之。一如昨狀。食畢。復鼾睡達旦而出。余等見其已去。心始稍安。儕輩數十人。睹此慘狀。自分必死。第未知死於何日耳。當此之時。咸謂同此一死。不如自溺於海。一人忽攘臂言曰。吾儕年方少壯。豈能以一時力屈。遂欲同爲波臣。余得一策。可與諸君商之。猶記來時。於海濱見浮木無算。苟得編爲桴筏。或亦可涉波濤。試先作筏。以觀其變。苟能洩吾輩之憤。事固大佳。否則一葦航之。即死於波濤。亦差勝飽野人之腹。設有他舟來此。俾我儕脫苦海。固屬僥天之幸。若即不幸而颿檣絕景。亦不妨爲此冒險之舉。乘片筏。歷波濤。又安知不能達彼岸哉。今吾儕輩死已二人。事急矣。望諸君速决之。皆曰善。遂詣海濱。取木爲筏。每筏可容三人。造作終日。不得已復歸屋中。野人復至。不爽時刻。復爲其攫去一人。燔炙之際。血濺廊廡。慘目傷心。不忍仰視。野人食畢。復鼾然睡去。此時忿火中營。不遑他計。儕輩中之最勇悍者。潛起取槊爇之。既紅。詣其前。急刺其目。野人一痛而覺。狂吼若雷。扶劍奮臂。勢欲殺余輩而甘心焉。急避之。野人遂叫囂而出。吾儕知室中不可復留。急相引至海濱。羣議謂姑少緩須臾。以觀其變。若野人率衆而來。則乘筏涉海。爲冒險之舉。如達旦不來。則野人必已悉創而死。可安居其屋。小作勾留。俟他舟之來。再圖歸計。乃背坐筏上。待天曙。未幾。東方漸白。忽聞喧鬨之聲。如風之捲塵而至。一人扶野人前導。羣醜隨之。余等急解維乘筏而逸。野人見之。各拾巨石。泅水相逐。不及。則拋石擊筏。所發皆中。諸筏或被擊而沈。或被迫而爲浪衝覆。僅余筏之三人。幸免於厄。既出海。乘驚風逐駭浪。閱一晝夜。達一島。余與儕輩二人。皆喜出非望。即登岸摘果而食。相與席地坐。少息勞頓。及暮。同宿海濱。夜分。忽聞吼聲而醒。急起仰視。一巨蟒蜿蜒而過。鱗甲淅瀝有聲。回顧身傍。一人已被啣去。隱約間猶見其顛仆者再。呼號久之。漸即聞蛇吮嚙聲余寒戰於地旣不忍聞其聲亦不敢睹其狀少選失蛇所在及曙復摘果療飢傍徨終日莫知所爲至夜遙見是蛇復來余即仰天呼曰天乎余甫脫野人之厄萬死一生以至於此顧又俾余罹此禍哉蒼皇間適見一巨樹余即偕吾友同上以避其鋒瞬息間蛇已至踞樹下作吼聲營樹而上不幸而吾友又罹其厄余是夜即宿樹上及天明魂魄飛越已如死人知早晚必葬蛇腹遂欲投海自死顧轉念七尺軀不能禦一蛇乃蹈波濤而死心殊不甘籌所以自衛之計窮思極索得一策約棘作棬圍樹上復以棘刺覆於首俾蛇遇刺不得上旣成已薄暮余即棲樹上荊棘間心甚悽然自思力竭技窮如再不免其毒此誠天亡我非我不能自衛之咎矣少頃蛇又至往來樹下欲肆其吞噬之心顧每上輒遇棘刺而下好鼠有所恃而貓無如何者嘯嘶終夜達旦始去余是時倚臥樹間猶胆怯不敢下柔腸百轉憂心如焚至日下三竿始攀樹而下悄然四顧則葛蘿繞樹荊榛塞途不知孰爲去路不得已仍赴水濱臨風飲泣旣思男兒死則死耳奚却顧躊躇爲攬衣褰裳奮身欲躍忽遙見一舟逐波將至余即大聲呼救復以巾臨風飄漾舟人遙見之即駕小艇來援舟傍岸余即躍入中旣至大舟舟人咸圍繞以

訊。余詳言顚末。皆舌撟神驚。喁喁相與談論。莫不謂余遭遇之奇險。其中之老於航海者。語余曰。此處坩近數島。有野人能食人。此島之蛇甚多。吾商人爲其吞噬者多矣。君得脫此。殆天佑非人力乎。乃饗余佳殽。衣余華服。相待優渥。委曲周至。棄余繿縷衣於海。即舉錨乘風而前。歷數島。至賽來倍。是地產檀木。可爲藥餌。商人卸貨其地。作貿易。船主謂余曰。余有貨物數種。本屬於某商人者。不幸是人沒於途中。遺貨具在。余擬他日歸其妻孥。君可暫爲經理。倘有所贏。君亦可稍沾餘潤。不知君意若何。余見其情意殷殷。不勝感謝。舟主即命會計者取貨。會計問曰。伊誰之物乎。舟主曰。於簿藉間檢新倍特是矣。余聞其語。心怦然動不止。細視主人。蓋即余第二次航海之舟主。惟相別已久。廻異少壯之形。故雖同處多時。而不復相識也。余度主人之意。謂余已死。然觀其詞意懇摯。猶未忘故友。即亦不怪其前事之非。乃問之曰。此爲排倍特商人新倍特物乎。主人曰。然。此即其名也。此人從排倍特來。余舟同出爲賈。日者至一島。舟人登岸少憩。及歸。失彼所在。迨舟旣駛行。余始知之。將欲返舟尋覓。而風急帆張。無能爲力。此殆天命。吾亦無如何也。余曰。君以新倍特爲已死乎。主人曰。彼或溺於水。或飽於獸。雖未可知而其已死。則固無可疑者。余曰不然。君盍詳諦狀貌。予非新倍特乎。主人尚疑余誑。躬詰已前之情狀。始恍然曰。天之令人會合無常。豈人所能測哉。復抱予而言曰。天實佑汝。此物悉歸故主。吾之願亦償矣。余即以貨物之半酬主人。餘則貨之。販其地丁香肉桂甚夥。於是復之他處。於海中見巨龜一。周約十餘丈。又見一怪鳥。形類鷹而有乳。又有怪獸一種。形類駱駝。種々異物。指不勝屈。歷數島。達排倍特。携貨歸家。予此次所得之金。雖爲故物。而實出非望。故歸家後。廣濟貧困焉。未幾而又有第四次航海之事。

第五章

夫吾既三次。遂波濤。歷奇境。出死地。艱苦備嘗。而志仍不稍挫。復以貿易出海外。束裝載貨。從波斯至海口。登舟揚帆而出。甫離海口。即遇暴風。舟人急止帆以備不測。豈知波濤飜湧。風急帆不得下。雖竭力轉舵。卒無所濟。未幾帆破縷々。如飛蓬。波濤愈急。舟忽覆。舟人咸葬波心。貨物悉溺。余與數人幸得一木。緊抱之。隨波衝突。飄至一島。遂同登岸。濕衣壓體。力疲幾不能前。勉扶藤棘。欵樹下摘果療飢。時已薄暮。即偃臥沙上。自嘆命途乖舛。一至於斯。輾轉中宵。幾不成寢。既曙。將欲前行。忽見黑人無數。蜂湧而來。

余經前次黑人之厄。愈爲胆裂。及至。圍吾等於中央。使不得逸。余與五人同爲所獲。至其室。延我曹就座。出草根以手作狀。俾吾等食之。四人已饑甚。得此即亦不問其何草。漫然食之。余雖亦甚饑。而竊疑其所爲。稍嘗而棄之。少選。四人悉醉。不知所爲。惟余獨醒。後復食吾以飯。嘗之味辛辣不可食。如以茄油煑者。四人已爲所迷。貪食彌甚。亦不能辨其味之何如。余稍嘗之。未敢多食。黑人之先以草根相餉者。蓋其草能令人醉。將以迷其性也。既醉而復食以飯。蓋豢之使肥。然後供其饕餮。故未及半日。一人即爲所烹。於彼四人者。已如醉姿癡。雖死豈能自知哉。惟余知其僞而不爲所誘。彼見余日就瘠。置之。蓋欲待其肥而食之也。不知余雖日食其飯。而迷不爲其且。覩此慘狀。即食亦不下咽。久之。彼置不理。予反藉此得行動自由。一日余乘隙而逸。急奔而前。路中遇室中之黑人。急呼余。余不應。疾趨而走。知黑人至夜方歸聚。必不能捕余。遂盡力奔馳。及暮始息。凡七日。始離此黑人之域。至一處。日已暮。即宿林中。摘爪果以食。明日得達海濱。見有同種之白人在海畔採椒實。予不禁狂喜。急趨而前。其人覩余若甚驚詫者。即操阿臘伯之音。訊予何來。余既見同種之人。復聞同洲之語。喜不自勝。即爲詳述覆舟及遇黑人等事彼怪而言曰黑人爲害無有能脫之者予未爲所戮天實相予矣即負所採椒導予而行至海濱登舟揚帆而逝至一處即其所從來之地蓋亦一島也既至引余謁其君詳訊余所歷之境予一一對之其君凝神傾耳忽喜忽驚聆余言既畢則賜余以華服且囑其僚屬舘余余居其地久之見是島人民甚衆物産甚饒蓋以商戰立國者其君嘗語余曰吾所識多矣然未有能契予心得如君者因是國人愈親余幾忘吾爲排特倍人矣余居其地常出游覽見其國人馳馬不事鞍勒余異其能訊於其君君曰孰爲謂鞍勒吾國固未見其製也余即繪形式命工人爲之鞍飾以錦鐙繫以繩獻之爲置馬上余親爲其君執鞭鐙君奮身而上試馳逞如志大喜珍寶視之余復製數具贈其僚屬及其國之巨商均各以物爲報由是全島之民罔不知余名者一日謁其君君謂余曰吾極愛汝汝之名固已聞於吾國民之視汝無殊於余今有事相屬君必無違吾志余曰君待臣優渥如斯敢不承命主曰妻汝以妃俾得安居於此君能從我言乎余知勢不可却遂妻之閨房之間情好綦篤然余思家之念終不能忘必欲乘間返國一日隣婦病垂危其夫與予素厚余往慰之至其家其婦已沒見其人涕泗

滂沱。貌甚憂戚。余即慰之曰。夫人不幸而歿。天必佑汝享大年。幸勿過傷。彼曰。余烏能如子所云哉。不過一小時。則與故人長別。與草木同腐耳。余曰。惡是何言哉。男兒雖不可無情。亦斷不可爲情自沮。君之前途擔負甚重。豈可輕生至喪其任哉。彼曰。疇昔不惜死。然無如何。君尚未知吾島之風乎。伉儷間一人先死。生者必相殉以葬。此風已久。不可挽也。余聞之不勝駭異。少選。其隣里戚鄰畢集。喪葬之事。咸相與爲理。嚴粧死者。狀如新人。飾以奇珍。衣以麗服。納之於棺。棺無蓋。發喪。余執紼焉。其夫前導。另一空棺隨之。余與其隣里戚鄰爲殿。其墓在山麓。至其處。啓巨石得穴。棺縋其中。其夫與親屬相抱泣別。自携乾餱。臥空棺中。其親屬談笑自如。無稍戚戚。復縋其棺。縋穴中。覆石其上而散。予見之。中心惻然。見諸人已去。徘徊山麓。遠覽形勢。見是山蜿蜒起伏。達於海濱。高揷雲漢。眺覽久之。始歸。抵家。追思前事。輾轉胸中。不能自已。遂白於其君曰。見有隣婦死而其夫殉者。訊之。知此風已古。雖然余遍歷各島。亦老於航海者。所至輒詢其風俗。雖其間不無小異。然未有駭人聽聞有如此者。君盍革是頹風乎。主聞余言。如大以爲不然。即呼余名而言曰。新倍特。汝胡爲者。此風已久。非創於吾。使后先我而死。亦必徇之。理至公。事至平也。又奚事改革爲。余知其終不可諫。乃訊之曰。旅客於此者。亦徇此風乎。君主啞然笑曰。君畏死乎。余曰何敢。曰然則旅吾國而妻於此。是即吾國之人也。又何疑焉。余聞之。默然而退。幸吾妻尚少。竊自思生瘞之慼。未必即逮吾身。然思家之心。因此彌切。無何吾妻抱恙。寢席爲之不安。始猶冀其疾之愈。乃不一載而吾妻竟死。嗚呼。余所日夜希冀其或免者。今乃卒至於不免。是何命之舛而運之窮也。吾妻既沒。自念琴絃中絕。已不勝悲。復思野蠻之風。益慘痛而莫能自已。不得已馳訃國中。僚屬搢紳。咸來相弔。唁余一一謝之。事已。即備棺納尸。其中衣以麗服。其生前珍飾悉置棺中。君主即命備副棺。同行至墓。旗旄導前。余隨柩後。嗚咽不能成聲。國主僚屬咸執紼相送。既至墓。余知不免於死。雖不甘爲乞憐之狀。然思苟動之以情。或者感我之誠。發於一時惻隱。而野蠻之風。得由此而革。則一國之人。可永免生埋之厄。余雖死其奚惜哉。乃含淚長跪於君前。曰以生徇死。夫豈死者之心。況臣非土著。能除是令乎。余雖言之慘傷。而彼絕無哀憐之意。且以畏死嗤之。立命役人縋棺穴中。既乃給我乾糧。納之於棺。亦縋入穴。中覆石而去。余始至穴中。見其深約六百英尺。及既覆石。如入地獄。擧無所見。惟聞腥臭之氣。觸鼻而已。少焉忽聞歎息聲。余知必爲同類。遂强扶而起。出棺中。欲跡其所在。而穴中昏闇如漆。咫尺無所覩。一擧足。則尸骸碍路。不可行。乃偃臥地上。自擊其首而泣曰。天乎。余於。艱。苦。已。備。嘗。之而猶。不。我。恕。必。欲。致。之。於。死。天。之。待。我。亦。酷。矣。哉。雖。然。人至死地。孰不望生。余雖以一時之忿。尤怨彼蒼。然終冀天之相余。脫此地獄。故竭力扶持。節餱以食。於積尸之上。匍匐往。來雖黑暗不辨晝夜。覺積尸漸增。居其中數日。食物已盡。一切絕望。惟坐以待斃矣。於積尸間。忽聞。吼。聲。自。遠。而。近。余凝。神。辨。其。聲。之。所。從。來。起。而。跡。之。將。近。其。聲。愈。大。復。前。行。其。聲。忽。止。如。知。余。追。之。而。奔。者。路。窮。得一徑。窄僅容一人。側身以入。久之。遙見微光。熒々如豆。及至。則一穴也。覘其物已逃竄而去。余得此小穴。甚喜。顚於隧道中奔走。已憊極。不能復振。歘恩洞口。久之。攀緣而出。始知此穴俯臨海濱。昂頭四顧。則巖石崔巍。海波澎湃。余是。時。目。眩。意。奪。快極。不。知。所。爲。諸。君。諸。君。余蟄。在。穴。中。又。安。知。有。今。日。哉。少選。神稍定。始悟前物爲海獸。蓋常由此穴入其中。而以積尸爲食者。既詳察此山形勢。見其蜿蜒屈曲。狀若游龍。其後似有村落。第爲峭壁所阻。不得前。余向天泥首。謝其佑我更生。後復入穴遍搜食物。及珍飾而出。是時天。氣。溫。暖。海。中。絕。無。霧。障。舉目。四。顧。則晴。空。無。雲。水天。一。色。余倚徙樹下。俟舟之至。株守終日。不得。居數日。忽遙見帆影。出自波中。余急登峭壁。解襟周。揮。俾其求救。舟人遙見余。即放舟來援。既登舟。訊余來此之由。余僞對以兩日前遇風覆舟。挈物泅永至此。彼亦不詳詰。見余物。亦不疑。主人欵接殷勤。與余談論甚契。余即均物贈之。彼堅不受。於是揚帆駕駛。達一商埠。余復別乘他舟而歸。此吾第四次航海之顚末也。是時。夕。陽。西。下。諸客。羣。起。請曰。時已。暮。君宜。稍。休。如欲。繼。此。而。言。請俟。諸。明。日。

第陸章

明日。諸客復集。新倍特曰。余有鑒於前事。不復乘人之舟。故第五次航海。遂自造一舟。將欲載貨環列歷五洲。以畢吾志。舟既成。與數友同賦壯游。於是乘風而駛。所至輙翱其勝。一日。至一島。其地有叢林峻壑。余偕數友眺覽其間。見篠。攙。怪石。葛。漫。虬松。殊動。我。出。塵。之。想散步而前。遙見一白塔。高聳天際。至其處。始知鴿鵠之卵。即吾前在非洲野鳥中所見者。審視之。見其中。一小鳥。業已成形。同游者。初不識爲何物。予詳述之。咸大怪。即以手所持斧。擊破之。割其肉。聚薪爇之而食。余阻之不聽。食甫畢。遙見有黑雲二。從海上來。水手中之老於航海者。急促余登舟曰。禍將及矣。君觀海上來者。非即鵅鵝之偶乎。細觀之。果爲鵅鵝。急登舟解維。揚帆而走。啓窗窺之。見二鳥蔽天而來。爪攫巨石。若爲殺其子而來復仇者。將來近予舟。即以石下擊。舟人急轉舵。得不中。石墜海水爲之分。波浪山立。其一見不中。大怒奮翮而來。以石下擊。中舟脊。舟碎。人盡溺海中。余抱木。得不沉。隨浪所之。歷波潮。得達沙岸。急握岸傍垂株。始未爲大浪擊去。少停。匍匐而上。歛息樹下。曝濕衣於柔枝。島上風景絕佳。其前似一花圃。綠蔭甚濃。佳果初熟。又有清流屈曲。逸響潺々。余摘果以嘗。掬水以飲。甘沁心脾。斯時夕陽已西。新月漸上。余即臥坡上。以蒙茸爲被。曲肱而枕。惟心殊畏怯。轉輾不能成寢。夜半萬籟無聲。不覺悄然而悲。自念屢出海外。輒遭奇險。實命不猶。一致於此。悼怨終夜。淚盈衣袂。天既曙。即起。徘徊林下。忽見一老人。狀甚龍鍾。席地坐河濱。余疑其罹覆舟之厄者。前而致禮。彼領之。貌甚踈慢。余以其衰頹。不之責。訊其何以至此。彼不應。以手指彼岸。如欲余負之涉河。以採林間果實者。余念其老。即負之。既至彼岸。令之下。不應。余憊已。

甚。促之。彼陡攫余頸。覺其膚粗類牛馬。且爲所攫。氣抑塞欲死。力竭目暈而仆。彼仍不稍放但微鬆不死。然彼以足觸余右腹。迫予復起。不得已。起而負至林下。摘果以食。食畢。仍不釋。如是者累日。雖夜睡亦然。一日於道中得一大瓢。予即摘葡萄擠汁。納其中。藏之僻處。居數日。出而嘗之。味美如醉。余憂全釋。神色飛舞。力頓健。老人見酒。若甚喜。即以手作狀索飲。余授之以瓢。彼引項一飲而盡。不知此酒之性甚烈。瞬息間頹然醉倒。始釋手。初狂歌。繼大嘔。余掀之於地。彼亦僵臥不覺。余見其醉已甚。即舁巨石。破其腦而逸。既脫是絆。行至河濱。遇一舟。適繫維取水。見余至。乃大怪曰。汝曾遇老人乎。老物殺人多矣。舟至非人衆不敢上。汝何自來耶。言已。即命予登舟。余爲備述前事。舟人咸錯愕不已。轉詢舟人所業。則亦商也。處其島傍數日。即舉錨前駛。至一埠。其地房屋壯麗。商以余無業。囑其友客余。謂余曰。吾將先歸。汝安居此。無躁也。余隨其友至一處。知爲商人旅舍。其友與我革囊一。中盛石子。囑余隨之。毋相離。否則有巨禍。余即偕市人隨之而行。至一處。見橡樹林立。唯其木光滑無節。不得上。林中黑猿甚衆。見吾儕至。即升木以避。友教余以囊中石子擊之。猿摘橡實還擲。頃刻無算。乃與市人共拾之。

既足。仍相率而歸。友以予所拾者給予。曰俾汝得資作歸計也。予謝之。日隨之往。因得售巨資。友遂作別。乘舟載橡實而行。囑予居此。以得他舟。居數日。得一舟。余即辭旅舍同居之人。攜橡實揚帆而去。路徑數島。至揩梅林。其島物產甚富。其民立憲自治。余以橡實易其椒薈。乘舟至排沙羅以歸。既歸家。復廣濟貧困。日與同志相聚。談瀛海之奇遇焉。言已。諸客復散。新倍特約明日早來。翌午羣集。無爽約者。新大悅。命速張筵。食畢。復圍坐而談第六次航海之事。

第柒章

新倍特曰。予屢出。遭險。終未得飽覽海外奇勝。家居久之。壯游之志復起。家人苦阻。不聽。束裝復行。此次未走波斯河。從岸地達海口。選舟之軒敞者。出海外。行數日。天靜潮平。登樓檣眺望。以爲自經滄海。從未得快心之境。是夜下椗沙邊。星月交輝。魚龍嘯泳。覺身輕如葉。不啻羽化登仙。夜將半。颶風倏至。舟維忽絕。勢難定泊。不得已。駕而前。俄而風忽止。水面騰霧。前後不可見。是時欲止不能。欲行不得。遂失道焉。至一處。亦不辨爲何方。俄濃霧忽消。颶風又起。舟人急折檣呼救。棄巾擊首。狀若狹狂。而舟已爲潮所衝激。至一島傍。與巖石相擊。舟碎。舟人與余爲浪逐至峽中。得不死。舟主呼天而號曰。天乎。余何罪而使困頓若此乎。回顧儔侶。莫不頭目森種。神情狼狽。復見敗舟廢楫。滿峽飄流。斷骨殘骸。盈崖狼籍。予既悲前人之遇。復以自悲。既思吾儕若死於是。則繼我而來此者必亦必悲予之不幸。而復自悲其悲。由此推之。則所謂悲者正無窮也。少頃。至崖傍。見貨物充物。珍寶纍々。始知前之遭此厄者。已非一人矣。復前行。仰見懸瀑如練。飛流入海。又有清水一泓。自海入谷。谷甚巨。望之深不可測。崖間玉石充塞。又於水濱得龍涎。察之。始知別有一種青瀝。自海流入。爲魚吞吐。而成龍涎。傍岸多叢林。半爲蘆菁。大與揩梅林相埒。遍探此山形勢。始知爲一海灣。四面峭壁矗立。風爲山障。故舟爲潮浪逐入峽中。無得還者。眺覽久之。絕無生路。唯有仰天揮淚。束手待斃而已。幸囊中食物尚存。藉可偷延旦夕。隔數日。他人食物已盡。漸餒死。惟余節食得免。念彼數人。逐微利。背故土而飄泊瀛寰。乃爲餓殍於絕域。悲不自勝。當諸人垂死之際。均以轉相掩骼爲約。俾免骨暴沙礫之悲。及諸人盡死。僅予一人。尚留殘喘。自念予死無人爲瘞心愈慘然。故常居穴隙以待斃。自咎不聽家人之語。以至斯。然空山寂寥。形影相弔。雖懊喪亦復奚益。忽念峽中之谷海水流入必有窮處此或一綫之生機乎如入谷中而不得其盡處即死於波濤中亦所甘耳同是一死顧居此已無所望而彼則尚有萬一希冀苟得脱苦海而登彼岸則非特可免於死且是纍纍者足以償吾前喪之資於是毅然而起聚岸傍斷木。纜爲桴筏。置之水中。盡載紅玉珍寶於其上。復以斷楫作雙槳。划入谷中。初入時。昏暗無似。余鼓槳隨波而前。縱一葦之所如。在谷中不辨晝夜。如是者數日。谷漸狹。俯首而前。既乃漸有光線射入。復前行。見一穴。行如弧。是時食物已盡。吸養氣得延一息。及至是穴。神已糢糊。昏然如睡。不知歷若干時。神氣忽清。擧目。則筏繫荒原。傍有黑人在焉。予即致禮。彼喃喃向余言。都不可解。余始疑爲夢。至是乃知其非。不禁狂喜曰。天誠佑我哉。其中一黑人能解余言。即作阿臘伯之語。呼余爲兄弟。且曰、汝毋怖。余等爲此地居民。今日引水溉田。余遙見一物出峽中。逐浪而來。漸近始知爲筏。並見汝焉。筏停波中。不得前。一人乃泅水波中。引筏至此。以待汝醒。此事甚怪。幸君爲我述顚末。余是時腹已饑甚。先向其乞食。彼即出食物餉余。食畢。予爲詳述始末。其人凝神以聽。復譯告諸人。皆大駭怪。謂欲導余謁其君。余應之。即使余乘馬而行。數人前導。數人舁筏上之珍物。至其都城。是城曰沙倫狄白。在海島之中。旣至。謁其君。君南向坐。命余前。余即致禮。彼接待。狀甚溫厚。延坐其傍。訊余名。余以新倍特對。訊何業。對以航海。問從何來。即爲歷述所遇。君大異。即命書記。誌之史册。命進余物。覽賞之。贊美不已。且曰。君之物。誠天賜老。吾國寶物。未能及也。余見其贊美不已。即請之曰。臣不第願効犬馬之勞。敢即以此爲大王壽。君曰。此天授汝者也。焉敢奪之。吾且將順天之心。益汝所有。得挽君少留敝國。則吾願足矣。余稱謝其厚意。君立命左右授餐。設館。撥帑金爲旅用之資。余居其地。除謁見君主外。每出覽其國之風景。知其島適居赤道下。故晝夜均平。島地甚廣。其城適當山尾。是島四面皆山。高爲五洲之冠。據舟人云。離島舟行數日。猶能隱約見蜂嵐。其高度亦可想見矣。其山礦苗甚衆。類皆金玉珍寶。其上則虬松森列。屈曲蟠根。類皆千年古物。四圍清流縈帶。中產珠魚。余於國中得奇珍無算。復遍覽其國名勝。若亞當囚地諸遺跡。居久之。余欲回國。告於其君。君主不稍挽。唯囑齎幣貨。寄書吾國之君。以修兩國之好。余即承命奉書幣。與國主作別。國主相送於河干。且贈我以珍物。其贈我國主之物甚多。予已忘不能悉舉。僅記其數事。一爲紅玉杯。高約五寸。周圍嵌飾明珠。一爲巨蟒皮。余不能其舉其名。唯人寢其上。可以醫大風。爲無價珍焉。一爲蘆薈枷楠之族。乃其地土產。此外更有艷姬數輩。衣麗服飾珍寶。神韻飄然。雖古麗人不能過也。其書爲獸皮。黃質藍書。蓋亦爲其最貴重者。余奉書幣。即揚帆離島。殊爲快心。迨至大洋。登望臺。遠眺萬里。波平水天一色。其與昔日怒濤拍天之景象。豈可同日語哉。途中終日啓窗遠眺。飽覽海中奇景。既至排沙羅。遂歸。輂其侍姬。奉書幣以獻於君。爲達其君之情誼。且詳述余之顛末焉。君以其國之貧富。及其君之賢否爲訊。余即對曰。臣不知其實。而於其逸事間有足證其國之富强與其君之賢者。日者臣謁其君。適君將出。見其乘象背。一人執戈坐於前。一人執戈侍其後。象以雕鞍飾之。其前人手執之戈。顛飾翠玉。其僚屬隨之。冠寶石冠者。不啻十萬。冠金剛石冠者。指不勝屈。其僚屬左右稱其德。頌其壽。傍有歌者曰。吾君或死。誰克繼之。又有歌者曰。祝吾君之壽兮如嶽之高。願吾君之名兮如水之遙。臣於此知其國之果富。而其君之果賢也。國主聞之大悅曰。吾覽其書。聆汝言。吾知其國之文明。非虛語矣。余退歸家。日嘯傲於林泉。國主以余遇之奇也。嘗賞覽賚有加焉。言至此。歆倍特起而言曰。君言第六次航海已畢乎。新曰。然。歆曰、今日已薄暮。君勞矣。願少休。僕請明日來。聆君第七次航海之事。作將來大紀念也。諸客乃皆散。

第捌章

明日來客愈衆。履舃交錯。堂爲之滿。新起而言曰。僕自第六次航海以來。血氣已衰。不特家人不使余復出。而自鏡容顏。亦覺頹然就老。不敢復作乘風破浪遊矣。一日張筵宴客。正當酒後微酣。忽一僕執柬而來曰。有使者在戶外請見。余意必故人相邀游覽。或開會社招我耳。及出見。始知爲國君之使。訊其來意。則曰。國主有事與君相議。請偕行。余即辭客。隨之入宮。國主出見。余即前而致禮。國主曰。吾有事相託。君其毋辭。余曰。何如。國主曰。前者汝自沙倫狄白歸。賫其贈物甚尠。今欲報之。願君爲使。余聞之。不勝驚悸。蓋余日就衰。無復曩時豪興。今使余再涉風濤。雖老馬不辭千里。而於無意中生此一波。實亦意料所不及。即前而對曰。君使臣。何敢辭。然老夫耄矣。雖犧牲其性命。恐無濟於國家。願君憐其老耄。俾枕首邱而別。選賢才以副其任。則公私交益。而仍不失君之志也。言已。復詳述以前航海事。描寫所歷可奇可駭可危之境。以冀其悲余遭遇而赦之也。國主凝神聽畢。曰。汝言者吾已悉喻之。雖然。非君莫承吾志。來而不報。是無禮也。一國之人實同其榮辱焉。汝其毋辭。爲國民一任其險阻。余無如何。乃曰。如此敢不効犬馬之勞。國主大悦。即撥帑賚爲費。爲余備巨舟。余即奉玉帛以往。海道中氣象萬千。雖山形依舊。而重經其地。未免動今昔之感。行數月。達其島。余即奉書幣謁其君。閽者引余入。余徇其俗。前而致禮。道君主及一國人民相慕之情意。既畢。復道余一人懷想之情。奉書幣以獻。其君主亦道契濶之意。我國相報之物。爲錦袍一具。價值司君士千。美服五領。值差於錦袍。亦備極華麗。瑪瑙杯一。徑約數寸。高過之。其下鐫陽文之人物像。一足跪於地。挽弓作射獅狀。又几案一具。蓋古物也。國主既受書幣。余即告辭欲歸。國主知余不可留。即厚贈余。親送河干而别。余使事已畢。如釋重負。揚帆歸國。心殊豁如。豈知天將困苦其身。必出人意料之外。行數日。忽遇盗。舟人與之禦。死數人。余無所備。惟束手受縛。羣盗刼余物。虜余與舟人。衣以敝衣。俾充奴僕。載余等至一島。鬻之商人。購余者爲富商。視余甚優。爲易藍縷之服。訊余所業。答之並告其被刼之情。商人問能射乎。余曰。馳馬競射。余少所擅也。能任射役。彼授我弓矢。引余乘象入叢林。

三十五

指一大樹而言曰。汝居其上。有象過此。可射之。若斃。即來相告。復給我以乾餱而去。余匿林中。終夜無所見。明日天將曙。見象絡繹躑躅過樹下。余急引弓射之。屢發矢。斃其一。余見衆象悉逸。遂急趨告商人。商人爲余作飯。極道余技之精。食畢。同至林下。坎地納象其中。將待其腐爛而取其牙骨也。余居林中。如是者累月。每斃其一。或靜伏樹間。或他適。時無定向。一日。余見衆象陸續而來。不避余矢。圍繞樹下。異於昔日。余大怖。衆象呼號其下。聲震山岳。隨之來者踵相接。且睚眦相向。伸鼻作狀。若欲得余而甘心焉。余進退維谷。手足失措。驚顧間。弓矢墮地。此時畏怖之情。諸君亦可想見。少頃。其中一最大者。以鼻捲余所棲之樹。拔之倒於地。余亦因之而墜。是象即以鼻捲余置其背。余魂神若失。不知所爲。大象負我而行。衆象悉隨其後。至一大峽中。即委余於地而去。少頃。余漸醒。始知已離象背。起立四眺。見身入重巖。弓矢已失。惟繫空囊於背。見其地舉目盡象牙。余不勝奇異。徐而思之。始悟此地實爲衆象葬身之域。象之負余至此者。蓋以余欲取其牙。致傷其類。以此畀余。則余之欲壑已盈。可勿戕其同類也。余徘徊巖上久之。盤旋得出重嶺。達大道。行一晝夜。始歸商人之寓。道中絕不見象蹤跡。余見商人。商人驚異而起呼余。曰唉。悲夫新倍特勞苦哉。余昨至林中。見一樹覆於地。汝蹤跡不知所在。且見弓矢委地。知汝困於象。或思有意外之憂。汝若何脫其厄。能爲我詳述之乎。余一一告之。翌日乘象同詣重巖中。得其處。商見其下象牙。累如邱陵。大悅。始信余言之不誣。遂盡馴象力所能載。大載而歸。回視其處。則如滄海之去涓流。無少增損。既歸。商人呼余爲兄弟。且曰。天實佑汝。吾何敢欺。余每歲射象。必傷一僕。無得脫者。汝非惟不罹其厄。且得此無窮之利。天之佑汝厚矣。余何敢違余之意。且余曩歲僕雖夥。得牙亦頗不易。今君所得。使吾一國受其賜。吾全國之人皆將酬汝。吾敢不先有所報。此非吾一人之私譽也。余即對曰。天實相君。不過假手於我耳。余何力之有。且君待我甚優。此所以爲報。敢望他乎。惟余年老。心切思家。倘令骸骨歸故鄉。則君之惠也。僕受賜多矣。商曰。君有家室。吾何敢留。吾必備舟送君歸國。幸少留。以俟舟至。余亦當稍有所酬也。余即稱謝其盛德。居其家。每日仍同往運象牙。幾盈其屋。國人往競取者。不絕於道。居數日。舟至。商人親爲余買舟。以珍寶象牙爲贈。盈船之半。余受而謝之。遂登舟而別。揚帆離海口。至大洋。雖途中風景。未減曩時。而余以前有戒心。由排沙羅而歸。

恐於海道中又遇他變。故渡大洋。即偕商人數輩登岸。悉售去貨物。購珍寶。挾資走岸道。雖行程日久。歷盡艱辛。而較海中之驚濤跳梁之醜類蛇鳥之殃野人之禍以及種種意外之變。固不可同日而語。終强忍之。行累月。始達排倍特。即謁國君覆命。君曰、汝歸乎。歷如此之久。吾心未嘗一日忘。每日必祝天之佑汝也。及余陳所歷之險境。君大爲驚愕。若甚不安於心。乃曰。吾實累君。雖然。君亦必不以此憾我。即命太史載余事實於史冊。書以金汁。什襲藏之。復厚賚余。遂辭而退。於是日游覽林泉。廣交志士。頗有座客長滿。樽酒不空之樂。然則今日得侍二三君子。晤言一室。不患貧賤者。皆從千辛萬苦中得之也。使余不受此七蹶挫折。以先人之業揮霍蕩然。恐今日將於市上吹簫爲乞奴耳。新倍特言其航海之情既畢。復執歆之手曰。君亦曾聞富貴出於貧賤。安樂生於患難乎。余歷此艱辛。尚未知天能我許我長此安樂否也。歆聞之。起謝曰。吾知前言之失矣。君歷此危險。百折百回。出萬死一生之中。始得此富。以樂餘年。固其宜也。吾之貧苦。又奚足道哉。歆每來。新必有贈。至是復厚贈之。歆賴此立業。不復爲負販經營作賈。後亦富埒新倍特焉。

欽命二品頂戴江南分巡蘇松太兵備道袁　為

給示諭禁事據文明編譯印書局職商廉泉俞復丁寶書禀稱職等糾合同志集有鉅欵創辦編譯印書局租定房屋於上海四馬路胡家宅地方擇於六月初一日開辦所有編譯已成各書陸續付印平價出售誠恐書賈射利易名翻印或妄為增損改換面目貽誤士民實非淺鮮嗣後凡本局編譯印行各書均不許他人翻刻除另禀　商務局憲外合詞禀求准允立案出示嚴禁翻印并請札飭縣廨一體出示曉諭並照會　租界領袖美總領事立案等情到道據此除函致　租界領袖美總領事暨分行縣廨一體立案示禁外合行給示諭禁為此示仰書賈人等須知文明印書局編譯各種書籍均係該職商等苦心經營而成爾等不得私易書名改換面目翻印漁利倘敢故違一經該職商等查知許即指名具禀本道立即提案不貸其各凜遵毋違切切特示

光緒貳拾捌年陸月初七日示

光緒二十九年五月二十日發行

定價大洋二角

譯者兼發行者　無錫錢鍇

印刷人　中原安太郎
日本東京市神田區美土代町三丁目四番地

印刷所　中原印刷所
日本東京市神田區美土代町三丁目四番地

總發行所　文明書局
上海棋盤街北段朝西門面

清入關前與高麗交涉史料

清入關前與高麗交涉史料

國立北平歷史博物館 編

民國二十二年鉛印本

清入關前與高麗交涉史料目錄

崇德元年五月初九日朝鮮國王來書……一
崇德二年正月初二日與朝鮮國王詔諭……三
初三日朝鮮國王來書……六
十三日朝鮮國王來書……八
十七日與朝鮮國詔諭……一一
十九日朝鮮國來書……一四
同　日與朝鮮國王詔諭……一五
二十一日朝鮮國王來書……一七
二十四日朝鮮國王來書……二〇
二十七日朝鮮國王來書……二三
二十八日與朝鮮國王詔諭……二四
二十九日朝鮮國王來書……二六
二月初二日朝鮮國王來書……二七
五月十八日朝鮮國王謝恩表……二九
二十日與朝鮮國王勅諭……三〇
六月二十日朝鮮國王奏文……三一
二十日禀禮部旨意……三三
十一月初七日朝鮮國王奏文……三四
十七日與朝鮮國王勅諭……三六
崇德三年七月初三日朝鮮國王來書……三九
初十日與朝鮮國王勅諭……四四
正月初八日與朝鮮國王勅諭……四六
八月十七日與朝鮮國王咨文……四七
九月二十六日與朝鮮國王咨文……四八
十月初八日朝鮮國王咨文……四八
十二月初一日朝鮮國王咨文……四九

同　日朝鮮國王奏文……五三
崇德四年正月十八日與朝鮮國咨文……五四
二月初六日朝鮮國王咨文……五五
初七日與朝鮮國王咨文……六一
十三日與朝鮮國王咨文……六一
四月二十日朝鮮國王咨文……六二
五月初二日朝鮮國王咨文……六三
同　日朝鮮國王咨文……六五
十二日朝鮮國王咨文……六六
同　日朝鮮國王咨文……六九
十三日與朝鮮國王勅諭……七〇
十七日與朝鮮國王咨文……七一
同　日朝鮮國王咨文……七二
二十六日朝鮮國王咨文……七三
二十八日朝鮮國王咨文……七七
同　日朝鮮國王咨文……七八
二十九日與朝鮮國王咨文……七九
八月二十四日與朝鮮國王咨文……八〇
九月二十八日朝鮮國節度使呈文……八一
同　日朝鮮國王咨文……八三
十月初六日與朝鮮國王勅諭……八五
十一月二十二日朝鮮國王咨文……八六
十二月三十日朝鮮國王咨文……八七
崇德五年正月初十日朝鮮國議政府公文……八九
十二日與朝鮮國王勅諭……九一
三十日朝鮮國王奏文……九二
閏正月初二日與朝鮮國王咨文……九六
二月十三日與朝鮮國王勅諭……九七

三月二十七日朝鮮國王奏文……九八
十八日與朝鮮國王勅諭……一〇六
十九日朝鮮國王咨文……一〇七
同　日朝鮮國王咨文……一〇八
四月初四日朝鮮國林慶業呈文……一〇九
十九日朝鮮國王咨文……一一〇
五月初五日朝鮮國奏文……一一一
六月十四日朝鮮國王咨文……一一四
同　日朝鮮國王咨文……一一五
同　日與朝鮮國王咨文……一一七
同　日與朝鮮國林等勅諭……一一七
七月二十六日朝鮮國王奏文……一一九
八月二十八日朝鮮國王狀啓……一二三
九月二十五日朝鮮國王奏文……一二三

十月十四日與朝鮮國王勅諭……一二七
二十一日朝鮮國王咨文……一二八
二十五日朝鮮國王謝恩表……一三一
崇德六年正月初一日朝鮮國謝恩表……一三三
同　日朝鮮國王奏文……一三四
同　日朝鮮國王咨文……一三六
二十一日朝鮮國王奏文……一三八
五月三十日朝鮮國王進獻文……一四一
六月二十五日朝鮮國王咨文……一四五
八月十一日朝鮮國王奏文……一四七
十二日與朝鮮國王咨文……一五〇
同　日與朝鮮國王勅諭……一五一

清入關前與高麗交涉史料目錄終

此崇德元年五月至六年八月與朝鮮往來文書八十通，屬國立北平歷史博物館所藏；前年館出叢刊；錄載其一部，惜叢刊出至第三期而止，未得窺其全。今承主事者慨允校印，列爲國學文庫第六編，實拜厚賜，固不僅編者感謝已。原錄間有錯簡，今於能正者正之；又朝鮮人用字，偶有非吾曹所熟習，筆畫亦時有出入；今者意在供史料之傳布，與影印墨蹟版本者不同，略加改正，以便排印。考覈原本，則館藏具在；讀者諒之，幸甚幸甚。

編者識

清入關前與高麗交涉史料

小引

民國十年本館整理清內閣大庫檔案得抄本清太宗朝與高麗往來詔諭書表一册自崇德元年五月起至崇德六年八月止計詔諭十五通書表二十二通戶部往來咨文二十二通禮部往來咨文五通兵部往來咨文十四通都凡七十八通足補明史及清實錄所不及爰爲刋布以存掌故書長今尺一尺一寸弱闊今尺八寸七分高麗紙精鈔共五十頁十五年九月記

崇德元年五月初九日朝鮮國王來書一封來時恩國太密入廂內

不令人知至六月初二日復問張八阿哥伊與常耐取書看過說
只記日子書不記罷此書是張八阿哥從通遠堡接來的答前與
羅德憲李廓等賚去的長語的回書

朝鮮國春信使羅德憲回答使李廓等奉白于金國通遠堡守將俺等
奉使貴國猝見意外之逼不能自斷頭領備受困横此古今所未有也
今幸歸到我境當伏國法有死而已復何言哉且俺等之出來也龍馬
兩將傳授國書封緘甚固俺等心念其書若失體式則自前必請改定
故欲據例開見則兩將等堅執不從遽將其書載馬而併我等驅出於
十里河堡然後俺等始得開見其書書面號稱及書末印文旣與前書
體式有異書內又稱我國曰爾國又其叱責之辭無復兄弟相敬之道

而視如奴隸我國臣子豈可忍見俺等若因持其書達於我國則是俺等自辱我君父也雖萬萬磔死不足以當此罪故俺等行到貴堡乃以其書置之於白紙百卷之內疊以靑黍皮二十張一笥藏封並將米石魚物作爲一馱辭以馬病留置貴館此館人之所共知也卽望貴堡開其笥而取其書傳達汗前則貴國當明我等不自辱我國也貴國旣以非禮之書刧勒以送故俺等亦以異常之規委置而歸惟貴將諒之

此書原未發不附簿後於崇德三年六月初五日從國王來書架內查出記此以便日後稽查

崇德二年正月初二日與朝鮮國王詔諭一道交英俄兒代馬付達

七靑古付來使賚去

大淸國寬溫仁聖皇帝詔諭朝鮮國王我兵先年東征兀良哈時爾國

四

起兵邀擊後又協助明朝荼毒我國然我猶念鄰好竟不介意及得遼地爾復招納吾民而獻之明朝朕赫斯怒丁卯年興師伐爾者以此曾亦恃強淩弱無故而興師者乎邇來何故及諭爾邊臣有不得已權許羈縻今以正義斷決卿其曉諭列邑使忠義之士各效策略勇敢之人自願從征等語今朕親統大兵來征爾何不令智謀者效策勇敢者從征而身當一戰哉朕既不恃强大毫不相犯爾以弱小之國反擾我邊境採參圍獵者何故朕有逃民爾輒納而獻之明朝及明朝孔耿二將來歸朕兵至彼應接爾兵放鎗礮截戰者何故是弄兵之端又起於爾國也朕之弟姪諸王致書於爾何故云從來無通書之例丁卯年來征之時爾遁島中耑使求成往來致書者非諸王其誰耶朕之弟姪何不

如爾又外蕃諸王致書於爾爾竟拒而不納彼乃大元皇帝之後何不如爾大元時爾朝鮮納貢不絕今何一旦自高如是也其不納來書者爾之昏暗驕傲至此極矣爾朝鮮與遼金元三朝年年奉貢世世稱臣自古以來曾有不北面事人而得任其自便者乎朕既以弟待爾國爾愈作背逆自成仇敵陷生民於塗炭拋城郭棄宮殿致令妻子分離不能相顧僅以一身遁入山城縱命延千年有何益哉欲湔丁卯之辱壞目前安樂自招其禍以致遺笑於後世似此之辱又將何以湔之乎既欲湔丁卯之辱爲何縮頭不出甘效婦人之處閨闥也爾雖潛身此城意欲偷生朕豈肯縱爾乎朕之內外諸王及文武諸臣勸進朕以帝號爾聞之乃云是豈我國君臣所忍聞者何故夫帝號之定否不在爾也

五

六

天祐之則匹夫可爲天子天禍之則天子卽爲獨夫乃爾之出此言也亦甚肆妄矣且背盟修築城垣待使臣之禮頓衰又令去使見爾宰臣欲設計擒繫者何故父事明朝圖謀害我者何故此特數其罪之大者耳其餘小嫌更難枚舉矣今朕提大兵而來以勦爾之八道試觀爾父事之明朝將何以救爾乎豈有子急倒懸而父不之救者不然是自陷其民於水火之中耳億兆之衆寧不飲恨於爾哉爾若有詞不妨明告

初三日朝鮮國王來書

朝鮮國王謹上書於大淸國寬溫仁聖皇帝小邦獲戾大國自速兵禍棲身孤城危迫朝夕思欲專使奉書導達衷悃而兵戈阻絕無路自通昨聞皇帝臨暨僻陋疑信相半喜恐交至茲蒙大國不忘舊盟明賜誨

責俾自知罪此正小邦心事得伸之秋也何幸何幸小邦自從丁卯結好以來十餘年間情好之篤禮節之恭不但大國所知實是皇天所鑑而唯是昏謬之甚事多不察如邊民採參及孔耿時事雖非小邦本情未免積成疑阻而蒙大國輒加寬恕小邦固已久在洪度中矣至於上年春間之事小邦誠有不得辭其罪者亦緣小邦臣民識見淺隘膠守名義終至使臣發怒徑去而跟行之人皆以大兵將至恐之小邦君臣不免過慮申飭邊臣而詞臣撰文語多乖剌不覺觸犯大國之怒其敢曰事出羣臣而非我所知乎至如擒繫使臣之語實我所無之事豈料以大國明恕猶不能無疑於此也皇明是我父子之國而前後大國兵馬之入關也小邦未嘗以一鏃相向無非以兄弟盟好爲重也謀害之

言奚爲而至哉然此亦出於小邦誠信未孚見疑大國而然也尚誰尤哉且馬將自言以好意而來故小邦信之不疑豈料終至於此乎夫往日之事小邦已知罪矣有罪而伐之知罪而恕之此大國所以體天心而容萬物者也如蒙念丁卯誓天之約恤小邦生靈之命容令小邦改圖自新則小邦之洗心從事自今日始矣若大國不肯加恕必欲窮其兵力小邦理窮勢極以死自期而已敢陳肝膈恭候指敎

十三日朝鮮國王來書

朝鮮國王謹上書於大淸國寬溫仁聖皇帝屬者小邦宰臣奉書軍門有所稟請迴稱皇帝將有後命小邦君臣延頸企踵日俟德音今已浹旬迄無皂白勢窮情迫未免再鳴惟皇帝垂察焉小邦前蒙大國之惠

猥托兄弟昭告天地雖疆域有分而情意無間自以爲子孫萬世無疆之福豈料盤血未乾疑釁中結坐蹈危迫之禍重爲天下所笑哉然求厥由皆緣天性柔弱被誤羣臣昏迷不察致有今日自責而已更有何說但念兄之於弟見有罪過怒而責之固其宜也然若責之太嚴反有乖於兄弟之義則豈不爲上天之所怪乎小邦僻在海隅惟事詩書不習兵革以弱服強以小事大乃理之常豈敢與大國相較者哉徒以世受皇明厚恩名分素定曾在壬辰之難小邦朝夕且亡神宗皇帝動天下之兵拯濟生靈於水火之中小邦之人至今銘鏤心骨寧獲過於大國不忍負皇明此無他其樹恩厚而感人心深也恩之加人非一途苟有能活其生靈之命救其宗社之危者則發兵而救難與回兵以圖存

一〇

其事雖殊其恩則一也上年小邦處事昏謬蒙大國勤敎屢矣而猶不
自悛以致大國之兵君臣父子久處孤城其窘亦甚矣誠於此時蒙大
國翻然捨過許其自新俾得保守宗社長奉大國則小邦君臣將銘鏤
感戴至於子孫永世不忘而天下聞之亦無不服大國之威信是大國
一舉而結大恩於東土施廣譽於四國也不然而惟快一朝之忿務窮
兵力傷兄弟之恩閉自新之路以絕諸國之望其在大國恐亦未爲長
算以皇帝之高明何不慮及於此乎秋殺而春生天地之道也矜弱而
恤亡覇王之業也今皇帝方以英武之略撫定諸國而新建大號首揭
寬溫仁聖四字蓋將以體天地之道而恢覇王之業則如小邦之願改
前愆自託洪庇者宜若不在棄絕之中茲敢不避尊嚴更布區區以請

命於下執事

十七日與朝鮮國王詔諭一道付英俄兒代馬付達送去

大清國寬溫仁聖皇帝詔諭朝鮮國王來書云責之太嚴反有乖於兄弟之義豈不爲上天之所怪乎朕以丁卯盟誓爲重曾以爾國敗盟之事屢加申諭爾不畏上天不恤生靈之塗炭先背盟好與爾邊臣之書爲朕使臣英俄兒代等所得始實知爾國有構兵之意朕輒對爾春秋二信使及衆商人云爾國如此無狀今將往征可歸語爾主以下至於庶人蓋明諭而遣之非之詭譎與師者也且備書爾敗盟啓釁之事告之於天然後舉兵朕若似爾負盟自畏天譴也爾實背盟故降之災殃爾何反似漠不相關之人猶以天之一字強相附會哉又云小邦僻在

二

海隅惟事詩書不習兵革曩者己未之歲無故侵我朕以爲爾國必諳
兵事今又啓釁爾兵必更精練矣孰意猶以爲未習耶然爾固好兵者
倘志猶未已今而後更加操練可也又云壬辰之難朝夕且亡神宗皇
帝動天下之兵拯濟生靈於水火之中天下大矣天下之國亦多矣救
爾難者止明朝一國耳天下諸國之兵豈盡至耶明朝與爾國誕妄無
忌終不能已今既困守山城命在朝夕猶不知恥出此空言何益哉又
云惟快一朝之忿務窮兵力傷兄弟之恩閉自新之路以絶諸國之望
其在大國恐亦未爲長算以皇帝之高明何慮不及此然爾欲壞兄弟
之好謀動干戈練兵繕城修路造車預備軍器惟俟朕西征之日乘間
竊發欲荼毒我國耳豈有施惠於我國者哉凡若此者爾自以謂不絶

二二

衆望也自以謂高明也自以謂長算也朕亦以謂誠哉其爲長算也又云皇帝方以英武之略撫定諸國而新建大號首揭寬温仁聖四字蓋將以體天地之道而恢覇王之業朕之内外諸王大臣固以此尊號上我矣然朕非不恢覇王之業無故興兵圖滅爾國圖害爾民也興兵之故正欲伸理曲直耳且天地之道福善禍淫至公無私朕體天地之道傾心歸命者優養之望風請降者安全之逆命者奉天討之黨惡攖鋒者誅之頑民不順者俘之務令倔強者知警狡詐者詞窮今爾與朕爲敵我故興兵至此若爾國盡入版圖朕豈有不生養安全字之若赤子者乎且爾所言與所行甚不相同内外前後往來文移爲我兵所得者往往呼我兵爲奴賊此蓋爾之君臣素號我兵爲賊故啓口之閒不覺

一三

至此也但聞潛身竊取之謂賊我果爲賊爾何不擒捕之而置之不問耶爾之以口舌詈人諺所云羊質虎皮者誠爾之謂也我國俗有云凡人行貴敏而言貴遜故我國每以行之不逮言之不怍爲戒孰若爾國欺罔狡詐奸僞虛誑沁入日深恬不知愧如此其妄談無忌憚者哉今爾欲生耶亟宜出城歸命欲戰耶亦宜亟出一戰兩兵相接上天自有處分矣

十九日朝鮮國王來書

朝鮮國王謹上書於大清國寬溫仁聖皇帝伏奉明旨勤賜申諭其所以責之切者乃所以爲教之至秋霜凜冽之中帶得春生之意捧讀惶感措身無地伏惟大國威德遠加諸藩合辭天人所歸景命方新而小

邦以十年兄弟之國顛反獲戾於興運之初反求諸心有噬臍靡及之悔今之所願只在改心易慮一洗舊習舉國承命得比諸藩而已誠蒙曲察危悃許以自新則文書禮節自有應行儀式講而行之其在今日至於出城之命實出仁覆之意然念重圍未解帝怒方盛在此亦死出城亦死是以瞻望龍旋分死自決情亦戚矣古人有城上拜天子者蓋以禮有不可廢而兵威亦可怕也然小邦情願既如上所陳則是辭窮也是知警也是傾心歸命也皇帝方以天地生物爲心則小邦豈不當獲預於全活優養之中伏惟帝德如天必垂矜恕敢吐實情恭候恩旨

十九日與朝鮮國王詔諭一道交英俄兒代馬付達送去

一五

大清國寬温仁聖皇帝詔諭朝鮮國王爾違天背盟故朕赫斯怒統兵

一六

來征志在不赦今爾困守孤城見朕手詔切責方知悔罪屢屢上書求免朕開宏度許爾自新者非力不能攻取不能環圍招之使來也此城攻固可得不然因爾芻糧食兵秣馬令爾自窮困亦可得似此蕞爾小城既不能取將何以下幽燕哉命爾出城面朕者一則見爾誠心悅服二則樹恩於爾復以主國旋師後示仁信於天下耳若以計誘爾則朕方承天眷撫定四方正欲赦爾前愆以爲南朝標榜若以詭計取爾天下之大能盡譎詐取之乎是自絕來歸之路矣斯固無智愚之所共識者也爾若猶豫不出則地方蹂躪芻糧罄盡生靈塗炭災苦日增誠不容時刻緩者也爾首謀敗盟之臣朕初意欲盡戮之而後已今爾果能出城歸命可先縛送首謀二三臣朕當梟示以儆後人誤朕西征之大

計陷爾生靈於水火者非此人而誰歟若不預送首謀於爾旣歸之後始行索取於不爲也爾若不出縱諄諄祈請於不聽矣特諭

二十一日朝鮮國王來書未收原書發回此係錄稿

朝鮮國王臣李倧謹上書于大淸國寬溫仁聖皇帝陛下臣獲罪于天坐困孤城自分朝夕就亡細思從前罪戾無以自贖雖迫於私情屢上書疏以求自新而實不敢取必於赫怒之天玆奉恩旨盡釋前愆弛秋霜之嚴威布陽春之惠澤將使東方數千里生靈得脫於水火之中豈但延得一城性命而已君臣父子感激流涕不知所報前承出城之命實多疑畏之端而適當天怒未收之日不敢盡陳所懷今蒙開示悃愊引諭丁寧眞古人所謂推赤心置人腹中者也臣自承事大國以來十

有餘年心腹陛下信義久矣尋常言行無不相符況於絲綸之命信如四時者乎臣不復以此爲慮也抑臣有悶迫之私請爲陛下布之東方風俗迫隘禮節細苛見其君上動止稍異常度者則駭目相視以爲怪事若不因俗爲治終無以立國自丁卯以後朝臣閧果多異同之論而務爲鎭定不敢遽爲呵責者蓋慮此也至於今日滿城百官士庶目見事勢危迫歸命之議同然一辭而獨於出城一款皆以爲自麗朝以來所未有之事以死自必不欲其出若大國督之不已則他日所得不過積屍空城而已今城中之人皆知朝夕且死而所言尙如此況其他者乎自古亡國之禍不專在於敵兵雖使蒙陛下恩德復得主國而以今日人情觀之必不肯戴以爲君此臣之所爲大懼也陛下之所以許令

一八

歸命者蓋欲以保全小邦宗社而因此一事不爲國人所容終至於滅
亡則必非陛下憐恤之本心也且陛下以雷霆之師深入千里之境未
及兩月臣其國而撫其民此天下之奇功而前代之所未有也豈必待
臣出城而後方可謂之克此城乎無損於陛下之威武而有關於小邦
之存亡者在此一著矣況大國於此城不攻也非不克也且攻城所以
討有罪也今旣臣服何用城爲伏惟陛下睿智出天明照萬物其於小
邦之眞情實狀必有以洞燭無餘矣斥和諸臣事小邦例有臺諫諸官
職主論諍向日所爲誠極謬妄使小邦生靈塗炭至此者無非此輩之
罪故上年秋間已摘其浮論誤事者幷加斥黜矣今承皇命曷敢違越
但念此輩本情不過見識褊暗不知天命所在意欲膠守故常而然也

一九

二〇

今陛下方以君臣大義風勵一世則若此輩者似宜在矜恕中矣伏惟
陛下大度如天既赦國君之罪則此等蟣虱小臣直付之小邦政刑之
中益見寬大之德故並陳愚見以俟陛下裁處臣既蒙陛下霽威布信
不覺誠心親附畢其所懷縷縷至此煩瀆之誅誠無所逃謹昧死以聞
二十四日朝鮮國王李倧來書原書二十五日早發回錄此便查
朝鮮國王臣李倧謹上書于大清國寬溫仁聖皇帝陛下臣罄竭衷悃
冒陳一書誠意淺薄未蒙領可慚惶悸恐若無所容仍念君臣之名非
可以苟立宗社之計不容於但已雖蒙嚴譴有不可避伏惟陛下垂察
焉小邦以海外弱國與中土絕遠惟強且大者是臣是服麗朝之於遼
金元是也今陛下受天眷佑丕開鴻運而小邦壤地相接服事已久固

宜首先歸順爲諸國倡而所遲回至今者世事明朝名分素定其不欲
遽變臣節亦出於情之當然而惟是昏謬無狀事多妄作自上年春後
大國之所以待小邦者情意靡替而小邦之所以獲過大國者種種不
一大兵之加實所自取君臣上下惴惴度日只待死亡不圖聖德如天
俯賜矜憫思所以保全宗社本月十七日皇旨有曰若爾國盡入版圖
朕豈有不生養安全字之若赤子者乎二十日皇旨有曰朕開宏度許
以自新恩言一布萬物皆春眞所謂生死而骨肉者也東方之人子子
孫孫皆將誦陛下之功德況於臣之躬被再造之賜者乎今所以稱臣
奉表願爲藩邦世事大國者亦出於天理人情之不容已此臣所謂君
臣之名非可以苟立者也臣既委躬陛下則其於陛下之命固當奔走

二一

三三

承奉之不暇而至於未敢出城之由則臣之情勢誠有如前所陳只此一款臣有死而已傳曰人之所欲天必從之陛下即臣之天也豈有不曲賜採量者乎且陛下既以貸罪許臣臣既以臣禮事陛下則出城與否特其小節耳寧有許其大者而不許其小者乎故臣之所望欲待天兵退舍之日親拜恩勅於城中而設壇望拜以送乘輿即差大臣充謝恩使以表小邦誠心感悅之情自茲以往事大之禮悉照常式永世不絶臣方以誠信事陛下陛下亦以禮義待小邦君臣之間各盡其道貽福於生靈見稱於後世則今日小邦之被兵實爲子孫無疆之休慶矣斥和諸臣事前書亦已略陳大抵此輩敢爲謬妄之言壞誤兩國大計此非但陛下之所惡實小邦君臣之所共憤也鈇鉞之誅有何一分顧

籍但上年春初首倡臺諫洪翼漢當大兵到境時斥拜平壤庶尹令渠自當兵鋒若不爲兵前俘獲則必在本土班師之路不難綁致其他被斥在外者道路不通未易尋其去處此則理勢然也以陛下之大度仁恕想能包容而闊略之必欲窮究請於師還之後查得其人以待處分謹昧死以聞

二十七日朝鮮國王李倧來書

朝鮮國王臣李倧謹上書于大清國寬温仁聖皇帝陛下臣於本月二十日欽奉聖旨節該今爾困守孤城見朕手諭切責方知悔罪朕開宏度許以自新命爾出城面朕者一則見爾誠心悅服一則樹恩於爾復以主國旋師後示仁信於天下耳朕方承天眷撫定四方正欲赦爾前

二三

慾以爲南朝標榜若以詭計取爾天下之大能盡譎詐取之乎是自絕來歸之路矣臣自承聖旨仰感天地容覆之大德歸附之心益切於中而循省臣身罪積丘山非不知陛下恩信明著絲綸之降皇天是臨而猶懷惶怖累日徘徊坐積逋慢之誅今聞陛下旋駕有日若不早自趨詣仰覲龍光則微誠莫伸追悔何及第惟臣方將以三百年宗社數千里生靈仰托於陛下情理誠爲可矜若或事有參差不如引劍自裁之爲愈伏願聖慈俯鑒血忱明降詔旨以開臣安心歸命之路謹昧死以

聞

二十八日與朝鮮國王詔諭一道內每年進貢數目一張交英俄兒

代馬付達送去

寬溫仁聖皇帝詔諭朝鮮國王來奏具述二十日之詔旨且憂計宗社
靈有明降詔旨開安心歸命之請者疑朕食言耶然朕素推誠不
前言必踐併嘉與以後日之維新今盡釋前罪詳定規例以爲君臣世
之信義也爾若悔過自新不忘恩德委身歸命以爲子孫長久之計
將明朝所與之誥命册印獻納請罪絕其交往去其年號一應文移
我正朔爾以長子及再一子爲質諸大臣以子無子者以弟爲質
爾有不虞則朕立質子嗣位朕若征明朝降詔遣使調爾步騎舟
數萬或剋期會處不得有悞朕今回兵攻取椵島爾可發船五十
兵鎗礮弓箭俱宜自備大兵將回宜獻犒軍之禮其聖節正旦冬
宮千秋太子千秋及有慶弔等事俱須獻禮命大臣及內官奉表以

二五

來其所進表箋程式及朕降詔勅或有事遣使傳諭爾與使臣相見或爾陪臣謁見及迎送饋使之禮毋違明朝舊例軍中俘繫自過鴨綠江後若有逃回者執送本主若欲贖還聽從本主之便蓋我兵以死戰俘獲之人爾後毋得以不忍縛送爲詞也與內外諸臣締結婚媾以固和好新舊城垣不許繕築爾國所有兀良哈人俱當刷送日本貿易聽爾如舊但當導其使者赴朝朕亦將遣使至彼也其東邊兀良哈避居於彼者不得復與貿易若見之便當執送爾以既死之身朕復生之全爾垂亡之宗社完爾已失之妻孥爾當念國家之再造異日子子孫孫毋違信義邦家永奠矣朕以爾國狡詐反覆故茲詔示

二十九日朝鮮國王李倧來書

朝鮮國王臣李倧謹上書于大淸國寬溫仁聖皇帝陛下小邦曾有一種浮議頗能壞誤國事上年秋後臣摘其中尤甚者若干人並爲斥黜而首倡臺諫一人當天兵到境時差平壤庶尹督令卽日前進或爲兵前所獲或從閒道赴任俱未得知之今在此城中者雖或有雷同和附之罪比前被斥者則輕重相懸然伏見前日詔旨實出恩愛小邦之至意臣若終始持難則恐陛下未察本國事疑臣有所容隱臣之誠心向順之意將無以自白故查得二人送詣軍前以俟處分謹昧死以聞

又一紙帖另開二人名

前弘文館校理尹集　前弘文館修撰吳達濟

二月初二日朝鮮國王李倧來書是他親在路傍跪上的

二七

朝鮮國王臣李倧謹奏於寬溫仁聖皇帝陛下伏以以罪而進以恩而退天地生成不啻過之肅瞻耿光霑沃至渥懺悔宿愆悅服新命欲報之德河海猶淺淪浹之餘頂踵是期貢誠輸忱實出由中享上之儀膚髮何惜而積弱以來民散財竭所在懸罄公私赤立而詔諭土貢或非地產雖係地產力有所不逮竊念千一之會首蒙曠典名分已定恩義俱隆上撫下效宜盡其道日月之明旁燭無疆其於小邦羸瘁之形顚躋之狀莫遁於臨照之下必須量力稟定永爲品式毋負奉上之禮以盡事大之誠矜愚憐孱既許自新愍窮恤瘠宜垂大德伏願聖慈察小邦危迫之私恢大朝薄來之度一以紓將絕之民命一以囿同仁之洪化不勝幸甚謹具奏聞

二八

五月十八日朝鮮國王李倧差議政府左議政李聖求懷恩君李德

仁來謝恩表

朝鮮國王臣李倧言欽蒙皇恩矜憫小邦快釋前愆六師言旋再造疆

埸臣與一國臣民不勝感激謹奉表稱謝者臣倧誠惶誠恐稽首稽首

伏以丘山釁重自干九伐之威天地仁深獲荷再造之澤驚魂纔定感

涕隨零伏念臣猥以薄材守此偏壤慕大邦之高義雖幸托於帡幪襲

先祖之故常未敢輕於去就終至玉帛之後至遂煩旌鉞之遙臨孤城

見朝暮之危闔境陷塗炭之厄孽由己作唯竢殞滅之期愛欲其生特

恢綏懷之略既霈雷雨之渥復覩龍鳳之章風揮日舒所謂有征無戰

海涵川納方知兩國一家枯木回春寒灰噓煖茲蓋伏遇寬溫仁聖皇

帝陛下神武不殺聖度能容膺景命而居尊寶祚肇啓馭羣英以闢遠荒服咸賓爰俾傾覆之蹤亦被陶坯之德臣 敢不銘肝省咎洗心圖新星環北辰仰宸儀而恒惕土全東社修職貢而罔渝臣 無任望天仰聖激切屏營之至謹奉表稱謝以聞崇德二年四月十九日貢單及皇太子簽不寫

二十日與朝鮮國王勅諭一道付陪臣林慶業領賫林慶業不敢賫去留與李聖求賫去李聖求於六月初六日方行

皇帝勅諭朝鮮國王李倧島孽蕩平朕絕門庭之寇海氛掃靖爾無心腹之憂雖藉諸臣之宣力實賴藩國之抒誠助予兵船用張撻伐急公誼切忠順可嘉宜須恩錫以勵有邦爾之將士人等已經一體賞賚其鮮民之投寓各島者亦盡付安州陪臣柳琳訖茲特賜王銀幣馬匹就

令陪臣林慶業齎回至可祗領尙宜時嚴烽暸勿俾餘孽之復倡益著
忠貞作我東藩而永固欽哉故諭
六月二十日朝鮮國王來奏本一封
朝鮮國王臣李倧謹奏爲贖還俘口事本年四月十九日謹將欽依前
旨委遣別差贖還俘口等情稟知該部冀蒙轉奏事業已順付謝恩陪
臣議政府左議政李聖求等前赴京師去後隨卽委差陪臣專付贖還
之任一面告諭京外士民凡失其父母兄弟妻子願爲贖還者各備價
値跟隨使臣前往又恐被擄人中或有元無族屬無路自還者則鰥孤
無告之狀尤可矜惻著令戶曹覈備一千餘兩齎持入去庶幾小邦殘
民得蒙皇上曠德之德而大兵之餘民皆蕩析失業其能備價前往者

不能萬分之一而所備價本亦未必稱足許賣人之意望此外皆赤身
枵腹無路辦價但見逐日盈庭泣訴願以國力充補贖出者皆是而臣
方蕩覆無償官給銀兩亦已些略將無以稱皇上許贖之大恩臣誠悶
然竊惟皇上廓恢大度丕布至仁既已全活臣之性命俾得齒列藩服
又念屬國民庶莫非皇朝之赤子亟欲生養安全復其鄉土而事係軍
前賞口有難舉衆全放特許本主贖還此亦出於方便普施之至意一
國臣民無不刻骨知感顧此公私財力湯竭如上所陳其能自辦親往
者甚少又恐交易之際刁蹬索高哀此民庶竭削裝齎千里重研不免
空還則其於情事尤合矜恤今雖不敢望格外恩澤如蒙皇旨重申該
部特許平價相換毋致伊輩狼狽空歸則國內願贖之人亦必隨力備

三二

價次第往贖而皇朝仁恕拯濟之恩終始無欠小邦臣民歸付之誠到此尤切矣緣係贖還俘口事理爲此謹具奏聞右謹奏聞崇德二年閏四月二十八日朝鮮國王臣李倧

二十日票禮部旨意

爾部來奏朝鮮國王贖還俘口一事細覽情詞無非欲虧抑戰兵價値以便贖取之意揆之理勢甚爲不可蓋罰有罪以賞有功斯亦有國者之常例曩因朝鮮有罪故興師致討今雖誼若一家然大兵辛勤血戰陣中捉獲人口一旦抑損贖價拂其本願是乃以罪爲功以功爲罪賞罰顚倒功罪混淆矣況曩諭該國云若欲贖還人口聽從本主之便前旨甚明你部裏便移咨與該國知道

三三

十一月初七日朝鮮國王差議政府崔鳴吉等賫到奏本一封 三四

朝鮮國王臣李倧謹奏爲仰陳小邦事情冀垂矜察事臣罪戾深重自觸天威幸賴聖度包荒曲加矜宥快釋前愆許以自新存其垂死之性命續其既絶之宗祀此誠前史之所未聞臣與一國臣民感戴恩造銘鏤心骨惟思破腦刳肝以圖報效而繼因謝恩陪臣之回欽奉三度勅宣温言如春過賜嘉奬至有疑城盡釋之諭而又矜憐小邦凋弊務欲宣昭新化至於輦還人事銀五十兩天語諄複深以貨取爲戒此皆古昔明王誼辟之事而何幸獲覩於今日驚惶感喜之私又倍前萬萬矣故臣於上年之事始焉懼中焉悔終乃反以爲幸何則自以衰微之國獲際興隆之運轉一時危亡之禍爲永世休寧之福茲豈非皇天啓佑

大朝撫臨東土使小邦君臣並囿於生成之中者耶竊惟今日小邦事情有大段危迫之狀若不從實陳達以求終始眷恤之賜則日月之明何能盡燭於千里之遠哉小邦自經兵禍國內空虛烟火蕭條孤兒寡婦處處號哭咸謂臣於上年誤聽浮妄之議獲罪大朝使民生至此搥胸怨咎有不忍聞而民間又相傳以爲大朝早晚且有徵兵之命與其征役於異地不如四散而偸生互相扇動各懷疑懼東西逃徙洶洶不止且上年春間牛疫起於平安黃海等道自西而南以及忠清道至冬稍息而及王師旋返使各道令長曉告百姓自今以後永無兵革之憂爾等但務耕作共享太平之福聞者皆以爲然餘存之民靡不勸趨農事耕墾雖少禾稼稍茂歸恩造化私切感祝自謂撫摩安集與民休息

諸足以自存乃自夏秋以後雨雹爲災損穀頗多牛疫再發於慶尚全
羅等道自南而西轉以東北遂遍於八道比上年猶慘百家之村無一
頭之牛明春農事更無可望邦本在民民天在食無牛曷耕不耕何食
據今事勢不出明年民將盡塡於溝壑加以災怪疊出無前之變種種
非一緣臣無狀天怒於上民怨於下國勢之危僅如一縷當此之際少
有動作立見土崩譬如將墜之葉微風必隕是用惴惴慄慄夙夜危懼
深恐一朝顚覆以貽皇上之憂然而私心猶有所恃者既得仰庇聖朝
情同一家疾痛疴痒幸有呼告之地耳臣竊伏惟念小邦臣事明朝其
來已久及陛下龍興帝業日隆天之所命人孰敢違臣非不知早歸大
朝可以坐享安便而猶且遲回不決坐致天兵力屈勢窮始圖改事非

三六

故樂於禍敗徒以分義爲重也今幸受恩大朝再有東土自正月十三
日以前則爲明朝之臣子正月三十日以後則爲大淸之臣子夫既委
質爲臣則固當專心所事惟命是從故征島之役竭力贅助以效微誠
至蒙褒嘉之典自茲以往兩國一家休戚是同凡可以報大朝之恩者
摩頂放踵亦何所辭臣身非臣之身乃陛下之所全臣之土地人民非
臣之土地人民乃陛下之所與然念臣之所以托命於陛下者固將爲
世世子孫無窮之休慶如使情有所未孚勢有所自阻終至於危亡之
域而不能仰副皇上全活之意則是臣之罪故敢將臣實狀實情備細
陳列因陪臣之往附奏以聞仰惟皇上威加萬國仁覆偏邦既已垂恩
曲貸於其初必能加意存全於厥終從今以往小邦凡有情願或遇事

三七

故勢須隨事籲訴煩瀆之嫌恐不暇避伏惟皇上垂憐焉緣係仰陳小邦事情冀垂矜察事理爲此謹具奏聞右謹奏聞伏候聖旨崇德二年九月二十日朝鮮國王李倧　隨陳情貢單及中宮皇太子貢單不寫

十七日與朝鮮國王李倧勑諭四道俱付原差來陪臣崔鳴吉金南重賫去

皇帝勑諭朝鮮國王李倧覽王奏稱小邦自經兵禍國內空虛又稱民間相傳有徵兵之命疑懼逃徙且牛疫起於國中等語誠若此則王之奏請固宜朕豈慮不及此但徵兵自當量時勢詎肯强以所甚難乎且王曩者之委身入營爲生靈計也朕之所以置王者亦爲生靈計也朕旣爲民而加恩於其初寧不斟酌於其終乎初王在南漢時投我麾下

雖云被迫委身一則爲宗社計一則謂以一身之故而致亡國殃民縱戮及一身奚足惜哉惟欲全其廟社生靈云爾又見朕素不爽信諒必格外恩全故不惑不懼而來耳若計不出此而株守山城怯不敢下必將喪身絕祀朕縱恩撫鮮民而兵戈離散之餘必有大不堪者則東方一國終至破壞矣王之如此深謀長算不知者或謂窮斯來歸知者觀之謂之大知可謂之大勇亦可但朕之所慮者王之復似當年聽書生之迂以空言掩飾巧計矇朧爲尙耳然文人固不可不用而書生之談亦未可盡信也蓋書生但知摘句尋章拘泥成說不知達變通權雖有文章詞藻竟何益哉朕曩已灼見其然矣故諭

崇德三年七月初三日朝鮮國王李倧差陪臣議政府左贊成洪寶

四〇

賫到禮部咨文並禮單因原本未收貢物未受記之以便查考

朝鮮國王爲仰申小邦事情冀蒙終始矜察事本年五月十一日謝恩陪臣議政府右議政申景禛回自京師啓稱本年四月十八日承旨及英馬兩將招臣等詣戶部傳諭皇旨軫念小邦宣示德意不啻丁寧而其中一條有曰今年不可坐遣行師之際欲用爾國軍兵而皇上深念爾國疲弊斟酌減定宜發五千兵礮射參半且備糇糧差柳琳爲副將而上將以秩高嚴明者擇差留屯安州義州之間以聽調用等因具啓據此當職既感皇上曲護之恩又悶小邦難保之勢怵迫回遑不知所出竊察先該崇德二年十二月十八日謝恩陪臣議政府左議政崔鳴吉賫持到勅諭節該覽王奏稱小邦自經兵禍國內空虛又稱民間相

傳有徵兵之命疑懼逃徙且牛疫起於國中等語誠若此則王之奏請固宜豈朕慮不及此但徵兵自當量時勢詎肯強以所甚難乎且王曩者之委身入營爲生靈計也朕之所以置王者亦爲生靈計也朕既爲民而加恩於其初寧不斟酌於其終乎初王在南漢時投我麾下雖云被迫委身一則爲宗社計一則謂以一身之故而致亡國殃民縱戮及一身奚足惜哉惟欲全其廟社生靈云爾抑又見朕素不爽信諒必格外恩全故不惑不懼而來耳當職欽此有以仰見皇上之明無幽不燭無遠不照其於小邦情形當職心事蓋已洞察無遺庸非所謂明見萬里推赤心置人腹中者歟小邦自蒙皇上恩貸之後感激欣戴無異赤子之仰慈母而獨徵兵一事民之死生國之存亡於是繫焉茲實一國

四三

臣民之所共憂悶者幸蒙皇上快賜准許十行昭回誕敷德音小邦羣
臣擎勅感涕如得再生敬將皇旨卽行布告中外八路人民莫不欣然
相慶以爲日月之明照遍東土絲綸之頒信如四時吾屬更有何憂家
誦恩旨戶騰喜氣如春風一動而萬物生色不期謝行之回旋有徵調
之諭其爲缺望當如何哉小邦事情前奏已悉而上年水澇秋穫無多
今歲牛盡春耕絕少二月至於五月旱災又酷種不入土兩麥已棄西
成無望大兵之餘連歲凶歉哀我遺民何以爲生西北諸道以至三南
流亡相屬餓殍相望以今民情國勢雖欲簽兵裹餉以從王師其勢必
不可得而終至土崩而已凋兵羸卒本不足以備顏行之末而徒取顛
覆之禍以爲皇上之憂則不但當職願忠之心有足可傷亦恐皇上軫

恤之仁無以畢施也當職欽讀當初勅旨兼聽今使口傳五千之徵亦出於量減之恩而撥以今日時勢則其所甚難而有不可強者如上所陳抑當職有大悶者焉愚下之民聞有今日之命皆失色相告曰皇上恩著於天下豈有前勅纔頒而後命繼降者哉此必小邦誠意猶有未至而然遂以此歸罪於當職當職若避斧鉞之誅而不早陳列以徹布信於大朝而終惠於小邦則是當職上負聖旨下負臣民其亡可立而須也是用汲汲遑遑坐不安席其受煩瀆之罪而不暇顧情亦感矣伏惟皇上仁覆東邦既已拯民於水火之中矣返其髦倪而父子夫婦相保矣許令買牛蒙古而民有將來耕作之賴矣凡可救東邦之民者靡所不用其極況於關小邦存亡係蒸民死生時勢之所甚難而人情之

所切悶者既許斟酌於前寧不矜恤於今伏願皇上另加憐察特違前
旨宣昭大德以副舉國顒望之情當職無任戰灼祈懇之至爲此專差
陪臣議政府左贊成洪霙前赴京師進呈外合行移咨前去煩乞貴部
轉奏天聰明降施行須至咨者
右咨禮部三年五月二十五日貢畢不寫
初十日與朝鮮國王李倧勅諭一道付差來陪臣議政府左贊成洪
霙賫去來本未收照他與禮部咨內事情故降勅與他
皇帝勅諭朝鮮國王李倧初王避在南漢時朕有勅諭云若征明朝降
詔遣使調爾步騎舟師或數萬或剋期會處不得有悞彼時王曾有兵
不可得之說乎及今有徵兵之論王竟無發兵報恩之言乃奏以其勢

四四

必不可得終至土崩爲辭似此拒違豈非眞負前詔耶上年朕覽謝恩陪臣崔鳴吉賫來表文朕亦軫念民力徵兵自當量時勢降勅與崔鳴吉捧去勅中曾有絶免徵兵之言乎朕以民苦依前詔減其兵數英俄兒代馬付達諭謝恩陪臣申景禛止發五千兵留屯安州義州之閒聽調兵旨到卽來今反以朕爲爽信不能踐言而强辯朕果有不踐言之處乎王雖強辯朕豈墮其計中王以朕爲爽信不能踐言不惟負朕乃負天也天與之兵朕違天不帶以從行可乎王不順天發兵獨不畏天乎若以朕所調五千兵爲多當王與朕構怨時救南漢之新舊兵亦不少若以興兵爲苦事昔日之起兵端爾以爲樂事耶行兵之苦人所同然朕之興師亦非樂舉朕因明朝有罪故動干戈雖然朕猶常願和好

王豈不知王今不思全信義反聽臣下之言而強辯者甚非美事也昔
聽其言得何便益今又如此王之無信反洩露於朕矣昔王拜見之光
景朕猶依然未忘王柰何遽爾忘朕且忘王之二子也朕之活王古來
未有之事朕意王亦以非常之恩報之不意二年閒頓忘活爾之恩反
以朕爲食言自王之外再無忘恩者也特諭
正月初八日與朝鮮國王李倧勑諭一道付韓亨吉賫去
皇帝勑諭朝鮮國王李倧去歲柳林違旨不來盛都者蓋以王在南漢
山時柳林按兵不救假託自咸鏡道赴援惟欲遷延時日而已此事實
犯王章罪居不赦乃朕受降之後旋師返旌柳林自知罪天莫容圖幹
前蠱率其所部横截朕師之出咸鏡者既而一戰兵敗柳林遁免復合

咸鏡之兵再戰再北迨歸命之聲聞既達咸鏡居民赴告朕之將士前云吾輩爲柳林所誤云爾兵甚少故來戰耳及令縛柳林以獻則曰無之矣至五月間將士自咸鏡還朕始悟柳林之方命因在咸鏡時兩番拒戰恐朕之加罪焉故不敢來歟誠若此則柳林亦愚甚矣於兩國交兵之際而以拒戰爲罪者有是理乎當赦其死授以偏裨之任俟朕後命令立功贖罪可也特諭

八月十七日代戶部寫與朝鮮國王咨文一封

戶部爲貿易事因寧古塔與會寧接境宜兩相交易故發寧古塔官前去互市有會寧府使鄭榏不自來迎令一小人名辛覺虎者來迎及至城邊又閉門不納逾一時始放入到館時館又不曾收拾去人自己打

掃安歇將本部公文置之於地又禁地方人不來交易延至九日後方出交易鄭楡不以禮待去人似此欺慢豈是事大之理本部聞之不勝驚訝合行移咨裁酌施行須至咨者

九月二十六日代戶部寫與朝鮮國王咨文一角

戶部爲刷送兀良哈人戶及解送走回俘口事准貴國咨送人口俱已收訖但咨內所云隨得隨送鱗次押送等語似有耽延之意殊爲不可必須速加嚴查全爲解送大凡事體速了則心亦自安其姜春堂子希男之妻愛春及姜春堂之壻李京此二人但恐其中有假若果係貴國人民姑准留之擬合回復希照驗施行須至咨者

十月初八日朝鮮國王與兵部咨戶部布代送進原咨齊國儒等拏

去

朝鮮國王爲師期遲悞惶恐竢罪事當職欽遵勅諭催督進兵前後申嚴不止再三而事乃大謬未免愆期私心憂懼坐不貼席續據陪臣上將李時英副將柳琳等馳啓馬將到通遠堡傳諭皇命卽令退歸當職區區竭力之誠終莫之暴魂驚魄悸不能自定迷暗特甚又致顚躋負罪至此死不足塞自貽伊慼徒切悔責除席藁伏地恭竢嚴譴外差遣陪臣領議政府崔鳴吉賫咨馳進口陳本國事情煩乞貴部備將前因轉奏天聽俾蒙皇上特垂諒察不勝幸甚爲此合行移咨請照驗施行

十二月初一日

朝鮮國王爲貿易事崇德三年八月二十八日准戶部咨前事因寧古

五〇

塔與會寧接境宜兩相交易故發寧古塔官前去互市有會寧府使鄭
檍不自來迎令一小人名辛覺虎者來迎及至城邊又閉戶不納逾一
時始放入到館時館又不曾收拾去人自己打掃安歇將本部公文置
之於地又禁地方人不來交易延至九日後方出交易鄭檍不以禮待
去人似此欺慢豈是事大之理本部聞之不勝驚訝合行移咨裁酌施
行等因准此行據議政府狀啓卽將前任會寧府使鄭檍究問本官供
稱職在本任時寧古塔人以互市事出來愚意以爲大朝委送差官則
館之客舍禮也寧古塔人以互市事來則自有前日安下之所卽送本
府出身辛景虎逆于中路以修掃前駐館所以待之意傳説則別無他
語唯唯而已及其來到遞卽馳入城內門者迷愚閉却一扇職深以爲

駭拏致門者卽行棍打初未迎接于客舍者正坐見事之遲誤無所逃罪至於出迎一節愚妄之意亦以爲地方官祗迎路左乃待勅使之禮也今茲互市之行事體自別故伊時以此陳辯遂不復致詰曲折如斯而已但於初到時說稱有勅職以爲降勅陪臣似無是理而既聞此言則在職道理不敢少忽故促設高足牀置諸廳上欲爲下庭行禮而及其出际乃戶部公文也怪問其故則答稱文書來自瀋陽故誤認爲勅云戶部公文固非所敢慢者而既知其非皇勅則不敢以降勅時例行之實出於敬皇上禮節之意不圖因此生怒反以置地爲言也交易之際稱物論價太加抑勒商賈等莫不稱究故平定物價往復爭辯自至遲延事勢則然非職所敢慢忽而然等情具啓據此看詳邊上互市與

勅使固不同而既係上國人則地方官出迎城外館接於城內客舍皆禮所不可已者而邊臣不閑禮節有此失誤而至於文書置地久不開市等語則各有曲折如上所陳然鄭檢終不得爲無罪除將鄭檢革職閑住別爲磨鍊節待節目行會邊臣預爲申飭外爲此合行囘咨前去煩爲查照施行須至咨者右咨戶部 三年九月十七日

同日

朝鮮國王臣李倧謹奏爲仰陳下情冀蒙矜恕事臣於本年八月初八日欽奉陪臣議政府左贊成洪靌賫捧到勅諭天語丁寧且警且誨開示愚迷恩意備至臣非木石寧不知感而至於忘恩之論臣誠蹶然驚惕措躬無地臣之得有今日是誰之賜哉土地莫非王土臣民莫非王

臣敬遵當初勅諭奔走從事在臣圖報又何辭焉況下邦凋瘵曲被軫恤所徵之數不過五千皇上之賜於是乎益大矣其又何辭焉而猶敢以區區事情仰首哀鳴至於委巷細民之言靡不畢達蓋出於仰恃恩眷有懷必吐而自不覺其辭語之煩猥罪固難逃情實無他載念臣曩坐昏庸自致王師命迫孤城不絶如線幸賴聖度包荒曲賜矜宥嚴勅恩言雨霈霜肅當此之時臣心且喜且懼且信且疑及其投命軍門獲近寶座仰瞻日角之表叨蒙優渥之恩此正微臣之至幸千載一時之奇遇況以三韓數千里之地挈而還之臣身使臣復奉二百年宗社而八道生靈各得其所則天地生成之賜不獨臣之所得私將東方之人子子孫孫永世感戴何有臣身尚存而已忘罔極之恩自陷難容之罪

者哉臣既承嚴旨不敢更以力縣爲辭業已挑選餘甿取准元額星火
催趲聽候明命凋兵弱卒雖不足以備厮輿之末而區區下忱粗得以
暴焉第惟皇旨嚴切有非臣子所可聞是用含冤抱痛疚心疾首晷刻
之頃不敢暫捨夫臣而忘君罪在罔赦使臣有此則天地所不容使臣
無此而未蒙君父之諒察則乃天下之至痛君臣父子之間何敢不披
瀝肝膽以求自解乎上天鑑臨臣不敢多言伏願皇上矜臣愚悃而恕
臣僭妄以解向隅之冤不勝至懇緣係仰陳下情冀蒙矜恕事理爲此
謹具奏聞右謹奏聞 三年九月十七日
崇德四年正月十八日替兵部寫與朝鮮國王咨文一角兵部用印
本院差俄莫兒送戶部英處轉發

兵部爲傳奉事本月十七日奉聖旨昔朝鮮國與朕背盟時有極東進
皮張的居民慶河昌一夥從我國叛至勒服通漢名熊島與朝鮮交往
及朝鮮臣服後原半在岸上者如今照舊進送皮張其慶河昌本身并
子其羅囉只屯阿等仍在熊島不肯進貢常在朝鮮地方慶與阿吾地
堡撫夷堡西水羅堡造山堡等城往來交易著朝鮮國王發舟師一千
取其熊島將慶河昌其羅囉只屯阿幷一夥中的頭目盡行拏解前來
其餘民仍令在岸居住進送皮張再不必往來煩問等因到部欽此欽
遵合行移咨貴國遵旨速發舟師務將慶河昌等幷爲首者捉拏解來
希照驗施行須至咨者四年正月十八日

二月初六日戶部英俄兒代送朝鮮國王與禮部文一角一成格自

番

朝鮮國王爲小邦邊甿殺害厚羅島人口不勝驚愕具報實狀事議政府狀啓節該本年十二月十九日據咸鏡道兵馬節度使李顯達申備柔遠僉使鄭大鶴馳報本年十一月初五日申時所要項守護將崔端進告內有二人步行自越邊國祀堂洞出來直到江邊等情著令通事金應申問其根因則有阿乙豆里稱名者稱說俺等住在水下厚羅島今方指向尼應古太部落而男婦并七口做伴同行爲因乏糧米此要討卑職回言封疆截然有難攙越私相授受義所不敢況今飢荒沒可柰何二人還向國祀堂洞等情准此本月初六日准穩城府使鄭之羽狀報美錢鎭僉使狀報與柔遠鎭所報相符本月十一日續據柔遠僉

丕第六

使鄭大鶴馳報節該阿乙豆里等又於今十一月十一日午時到江那
邊叫喚甚急卽著金應申問得回言俺妻孕滿病劇不得運行等待解
脫將爲上去糧橐垂罄復此來討云云給與如干糧物還爲入送情節
繼於本月二十五日接得僉使鄭大鶴馳報要探阿乙豆里等等去留
著令本鎭出身金惟善等尋問去後本官回還告稱國祀堂近處只有
宿頓形止沿江上下別無去向之迹等情本月二十七日又接僉使鄭
大鶴馳報出身金惟善探告之際其言辭氣色甚屬怪訝飛報本府本
府發遣軍官領兵來到卑職一同伺察可疑人張大春金有生金戒立
等三名劃便緝捕金惟善則逃躱翌日捕得將上項張大春等四人一
名名細加推問金惟善年二十九歲係柔遠鎭出身張大春年五十三

歲甲士身役金有生年二十三歲係武學身役金戒立年二十九歲正
兵身役俱係柔遠籍貫人供稱俺等見得阿乙豆里等留駐那邊山座
時時出來行走詰問其根𨄔則說稱本以厚羅島居住人上年因上邊
人等百餘名來襲本島時俺等乘亂脫逃旣不能還入本島又不得投
向上邊將欲依接於尼應古太部落沿江上來所率男婦壯弱并七名
皆徒步而行未易前進姑此遲留云云本月二十五日俺等四人前往
其所駐處並行斫殺奪其所帶物件金戒立則擬劍之際反爲所傷被
張大春金惟善等合力救活有金日男者聞俺等出來意謂獵獸騎馬
佩酒雪中尋迹以來見俺等所爲之狀慌忙回走俺等追奪其酒而飲
之且奪其馬載戒立以歸今被官軍捕捉殺害屍身則或納冰下或埋

雪中所有物件置諸金惟善地窨中其餘零碎之物埋棄於殺害傍近
處此外更無他情所供是實卽將犯人金惟善等四名綁縛嚴囚就於
本人等物件點驗得貂皮衣三領貂皮黃鼠皮合縫衣二領黃鼠皮短
衣一領鹿皮衣一領藍斑衣一領草綠潞洲紬衣一領黑布兒衣一領
青布兒衣一領青黑色裙一襞紅黑色裳一襞黑布兒裙二襞青布臂
甲二部生皮刀鞘一個紅交綠錦緞二端並八尺紅交綠錦緞花布合
縫衛肚子一圍黑布乳裹一部大紅紋潞洲紬二尺鍮鉢一座具蓋銅
鐶三個鍮小鈴二個鑞鑾四個小囊三佩貂皮帽子一頂赤狐皮帽子
一頂牛皮兀刺靴半部貂皮黃鼠皮合縫一張南草十九貼破銅鑪口
一座小米五斗具袋一口又一斗具皮袋二口又一斗三升具青袋一

六〇

口黃豆五升具皮袋一口等物照數懸錄等情具呈得此看詳自蒙大
朝之再造山川草木無不囿於一視之仁而至於沿江一帶疆域有截
常加禁斷不容踰越不期無知奸細之徒利其物件潛生歹心攙越殺
害委屬痛駭除將犯人金惟善等梟首示境上以警他人外府使鄭之
羽身爲主鎭之官不謹嚴飭所屬鎭堡致有如此意外之事僉使鄭大
鶴常時疎玩之罪有難容宥並宜革職閑住以照邦憲等因具啓據此
爲照今茲作歹之事不勝驚愕卽將該地方官吏等革削其職上項金
惟善等罪犯極重有非小國所可徑斷茲敢具報實狀以候大朝裁處
爲此擬合具咨前去煩爲照驗施行須至咨者右咨禮部 三年十一月二
十七日

初七日替戶部寫與朝鮮國王咨文一角

戶部爲貿易事本月初六日奉聖旨爾部裏移咨與朝鮮國王知道彼國若有願來貿易者可會同衆商人帶各色貨物明來盛京聽其兩平貿易若止一二人暗藏囊橐貨賣反爲不美殊非兩國一家之義其枝三味南草二物盡行禁絕不許拏來欽此欽遵合行移咨貴國速照咨內事理施行須至咨者

十三日替兵部寫與朝鮮國王咨文一角

兵部爲傳奉事本月十二日奉聖旨爾部裏移咨與朝鮮國王知道會寧滿浦二處屬民出邊數里將參挖去今雖兩國一家我大清人民亂去彼國採取土物亦可行否如此亂行採取土物殊非小事將挖去參

斤並盜參一夥人犯作速查出綁縛解來欽此欽遵爲此合行移咨貴
國准咨內事理照驗施行須至咨者
四月二十日兵部大人蔡伯兎送來朝鮮國王咨文一角黑得番了
朝鮮國王爲查究犯禁事本年三月初八日准司禦許檍賫來本部咨
前事本年二月十二日奉聖旨爾部裏移咨與朝鮮國王知道會寧滿
浦二處屬民出邊數里將參乞去今雖兩國一家我大淸國人民亂去
彼國採取土物亦可行否如此亂行採取土物殊非小事將乞去參斤
盜參一夥人犯作速查出綁縛解來欽此欽遵爲此合行移咨貴國准
咨內事理照驗施行等因得此爲照會寧滿浦等處係是邊遠地方爲
因接連上國疆界不許邊甿冒禁攙越常加嚴斷去後今准來咨欽奉

事意潛行犯法委屬痛駭另差的當官員前往會寧滿浦等處查驗實迹務要緝捕該犯人姑留許檍待其查回令馳詣京師仰報事情外爲此合行回咨請照驗施行須至咨者右咨兵部 四年三月二十日

五月初二日

朝鮮國王爲刷送兀良哈人口事曾以貴部計開向化姓名居住行文八道廣加查括慶尚道龍宮縣所得李豐孫愁里同永孫四川縣所得金世斤金永男金彥男京畿廣州所得大春等共七口而其中三口實係貴部咨文名錄之人四口不載貴部咨文而詢其來派俱是向化子孫不敢不一併刷送通計前後所送凡二十二口此皆出於經年搜索囚繫滿獄鞭扑交加始得刷出而畢竟所得若是其零星區區惶懼實

不自任刷送一事既有當初勅旨又有貴部咨文何敢一毫靳惜自取
大朝之嗔責乎今以渠輩所供觀之俱爲久遠向化子孫與小邦之民
交相嫁娶生産至有名在小邦軍籍者而苟其族系涉於疑似則不問
貴部咨文名錄有無俱不敢留當職本心於此可見此等人口之外豈
敢保無一二落漏者而號令徒煩縱影難尋今雖申飭各道更加聞見
而其能果有捉獲亦未可料也仍念此輩在大朝何異渤海之雙鳧而
其在小邦悶迫之私有難盡喩如蒙貴部備將小邦事情轉奏宸聰特
垂諒察則實小邦之大幸而亦不敢望也茲將前項各人姓名年甲住
址備申計開專差訓練院判官崔鳴後押解前去外爲此合行移咨請
照驗施行須至咨者

計開

李豐孫年四十八供稱係是黃海道豐川人移寓忠淸道忠州又移於慶尙道龍宮縣永孫年三十八供稱李豐孫再從兄弟愁里同年四十四供稱李豐孫異毋弟金永男年四十九供稱以向化子孫居在京畿龍仁步兵案付丙子以後移居慶尙道泗川金彥男年四十供稱向化七代孫居在京畿龍仁騎兵案付丙子以後移居慶尙道泗川金世斤年七十七供稱向化六代居在京畿龍仁移居慶尙道泗川大春年二十七供稱初居京畿廣州兵亂時漂寓他鄉無定處上年九月始還廣州右咨戶部四年四月初九日

同日

朝鮮國王爲馳報島役事本年四月初一日據咸鏡北道兵使李顯達
馳啓節該熊島征討之軍通共五百名礮手四百射手一百軍兵及軍
糧所載船通共一百十二隻一齊整頓領將劉纘先偕大朝兩差人三
月二十二日午時自慶興地方西水羅前浦打發下海且羅汗住伊時
只於乙巨乃等八名適以買賣事來到於慶源地方乾原堡卽告於兩
差人則前項於乙巨乃亦與之同船以行等因具啓據此爲照係是征
討大事發船形止理宜馳報爲此順差訓練院判官崔鳴後齎咨前去
外合行移咨請照驗施行須至咨者右咨兵部 四年四月初九日

十二日兵部二參政木青革土賴送來朝鮮國王咨文二角

朝鮮國王爲報犯禁人等査覈事本年四月二十七日據備邊司郞廳

都總府都事宋永徹馳報說稱四月初二日馳到滿浦本鎮兵房軍官及兵房都訓導等推問則供稱參禁之嚴匪今斯今及自碧潼郡守許詳碧團僉使李顯基及江邊犯禁人等梟示之後莫不震慄懲戢沿江列堡把守益嚴江界主鎮常加糾察今僉使到任之後見在軍民並皆成冊每朔閒伍日輒行點閱採參時節則伍家爲統閒三日抽點江灘要路定將訊察嚴禁多般人所共知今者採參之說出於大朝文書罔知厥由不勝驚悚天日在上何敢飾辭以無爲有指虛爲實乎千萬曖昧云云同月十二日江界鄉所及公兄等並爲推問則其所稱寃槪與滿浦人等相同各人等累次窮推而終始稱寃查出無路等因據此續據備邊司郎廳刑曹正郎權大德馳報說稱四月初六日馳到會寧府

卽將座首及兵房等推問則供稱本府旣非蔘商出入之處故雖在蔘利極重之時未嘗有冒採之人況今蔘不甚貴而禁令甚嚴豈有前所不爲而今反犯禁之理乎此地軍民如或有出入之處則必先告官然後得以往來旣有里正又有邊將各相糾檢罔敢妄動越境採蔘斷無是理往年大國人以開市事出來時高嶺人劉都致劉莫同及官奴天男等爲飢火所迫採蔘那邊被執於大國人仍將劉都致等幷其所負之物押解本鎭而已此外犯禁採蔘之事全未有之云云等因據此竊照山洞遐峌有同鳥獸之居乘隙出沒難以蹤跡之而申禁方嚴必不敢肆就或有犯執肯首實遍加推問舉稱寃悶茫如捕風了無查出之路至如高嶺人劉都致等越境採菜誠涉瓜田之嫌而當其押解時上

國之人皆目已見至於並其所負而送來則論以參禁恐涉寃枉只以
私自越境之罪照律科斷方合獄情而事關大朝不敢擅斷理宜具咨
以聞煩乞貴部備將前項事情轉奏天聽明降指揮爲此合行囘咨請
照驗施行須至咨者右咨兵部 四年五月初二日

同日

朝鮮國王爲報征獲事本年五月初一日據北兵使李顯達馳啓節該
領將劉纘先送其軍官嚴後起申稱慶河昌等不在熊島而移住獐島
進兵圍住張示兵威渠等不戰自服慶河昌父子兄弟從人男女等共
十數口並已就擒而其餘避匿徒屬及移置雜物等今方仍留推索數
日後當爲囘軍等因據此竊照攻島節次及處置結末須待大朝差人

及劉纘先囘還然後可知其詳而先來軍官所報如此理宜先報爲此

七〇

專差訓練院判官辛遠啚賚咨前去外合行移咨請照驗施行須至咨

者右咨兵部四年五月初二日

十三日與朝鮮國王李倧勅諭一道內有得過山東府州縣名數一

紙與問安使宋國澤等賚去

皇帝勅諭朝鮮國王李倧知道朕親率大兵兩至寧錦諸處原不爲攻

取城池蓋欲牽制彼兵使東西疲於奔命首尾不能相顧我西征之兵

可從容直搗再今征西將士俱已凱旋當其斬關而入也莫敢誰何破

五十七陣攻克一府三州五十七城縣梟斬二軍門以下文官武將及

濟南府郡王將軍等不能悉數生擒德王朱由樞郡王朱慈額奉國將

軍朱慈賞總督太監馮允昇等俘獲人畜四十六萬二千三百有奇朕
以兩國一家之義故使聞之特諭

十七日代兵部寫與朝鮮國王咨文一角

兵部爲傳奉事本月十七日奉聖旨爾部奏朝鮮國王來咨云採參之人竟無此事若然是我國有意尋隙故作妄語也朝鮮邊民私入我境凡住歇採參之處明明見之欲彼查出以懲攙越者故令爾部移咨今既云無自此以後發兵到彼處若有入境採參之人或殺或捉彼說謊之罪固不能免更增一翻罪矣彼時又將何以應之欽此欽遵合行移咨貴國照驗施行須至咨者

六月十四日兵部啓心郎丁文盛送進朝鮮國王咨文一角

朝鮮國王爲報島役徹回事本年五月十五日據北兵使李顯達馳啓節該本月初一日申時領將劉纘先還來說稱四月二十五日攻島軍兵回泊於西水羅浦一依大朝差人分付男二口女二口共四名委差的當官員押領前進而其中車吾羅乃則年老病劇難任登道□差人以其姪子阿豆代率以行等因具啓據此爲照小邦驅策飢氓越海用兵心甚憂慮幸而擒捕實惟大朝威靈是賴若其處置事狀差人自當口陳事係完役理宜先報爲此合行移咨請照驗施行須至咨者右咨

兵部四年五月十八日

同日戶部開送進朝鮮國王咨文

朝鮮國王爲刷送走回人事本年五月初八日據平安道觀察使閔聖

徽馳啓節該四月二十三日有異樣人四口潛由朔州仇寧堡閒路而來爲地方官萬戶盧得信所覺逐捕之際三人脫走只一人捕得盤問乃椵島漢人逃亡者也拏置本堡以待處置因具啓據此看得右人委係大朝逃民理宜隨捕隨刷除將前項人令訓練院副正李季榮管押前去交割外爲此合行移咨請照驗施行須至咨者右咨戶部四年五月十八日

二十六日兵部送來朝鮮國王咨文一角

朝鮮國王爲回報島役事准兵部咨前事本年正月十八日奉聖旨昔朝鮮國與朕背盟時有極東進皮張的居民慶河昌一夥從我國叛至勒伏通漢名熊島與朝鮮交往及朝鮮臣服後原半在岸上者於今照

舊進送皮張其慶河昌本身並子其羅囉只屯阿等仍在熊島不肯進
貢常在朝鮮地方慶興阿吾地堡撫夷堡西水羅堡造山堡等城往來
交易著朝鮮國王發舟師一千取其熊島將慶河昌其羅囉只屯阿並
一夥中頭目盡行拏解前來其餘民仍令在岸居住進送皮張再不必
往來煩問等因到部欽此欽遵合行移咨貴國遵旨速發舟師務將慶
河昌等並爲首者捉拏解來希照驗施行等因准此即已奉行征討去
後據領將北道虞候劉纘先狀啓臣領率礮射手賫持三朔糧載之兵
船通共一百十二隻下海行船半月餘颶風大作諸船蕩蕩既散還聚
瀕危之狀有難盡言前此發船時或慮師言透漏另差左營將管下吉
州出身韓希龍等先馳輕快船伏於前路要害處伺察非常果有四個

人暗挾小船三隻帶持弓箭隱匿於叢林中爲伏兵所捉縛致軍前其
一人卽慶河昌之子吉羅乃其一人卽慶河昌之姪子牙豆一人卽慶
河昌之族屬梅介一人卽慶河昌之從人古郞阿也卽將四人盤問審
知慶河昌移住獐島該島正在熊島相望之地四月初九日乘夜進圍
該島先送哨官領礮射手一百八十名伏於山後又送金命吉率慶河
昌從人古郞阿等並載一船先往開諭仍催各船次第進薄慶河昌等
望見我船皆持弓矢奔遊山藪之際伏兵乃起自知難脫便卽走還眷
黃驚怖金命吉等始行開諭一面使慶河昌子吉羅乃呼其父諭之曰
降則不死不爾則無遺類矣仍捉兵圍其四面齊放大礮慶河昌兄弟
率男婦十五口詣軍前叩頭款伏臣詰責曰汝何敢背叛皇朝答非敢

叛也但未得趁時進貢云臣仍諭以皇朝威信渠乃驚魂稍定臣點視其家有弓矢甲冑箭鏃皆傳毒藥其徒屬之避匿者家產之移置者并令招集搬還安插耕作以待皇朝處分男婦之還來者四十三人其他遠避者勢難等待臣等留該島三日回軍四月二十五日還泊於西水羅浦所獲島中男女等或留或行一聽差人分付自初帶行者慶河昌及其兄車吾羅乃而車吾羅乃則年老病甚不任登道其姪子牙豆代行女人二名亦並帶去一人差人阿吾羅乃稱以己妻其一人稱以姪女而帶率以行此則非大朝咨內事意而亦因差人之分付也今茲涉險得雋莫非皇威之攸及亦由大朝差人指導不差所帶軍人往還大洋經涉二朔並無一人死傷誠爲幸甚當初軍行忽卒未卽具由以聞

今始略備首末以憑轉奏等因具啓據此爲照島役之濟惟皇靈是仗
曾將此事轉聞者凡三度而未得其詳今得該領將具報如此差人且
將復命理宜具由報聞爲此合行移咨請照驗施行須至咨者右咨兵
部四年五月三十日

二十八日戶部副理中古送進朝鮮國王咨文二角
朝鮮國王爲捉送走回人事本年四月十五日分走回人二口潛從碧
潼地方碧團鎭前度來爲地方官所捉卽爲行文本道使之起送以憑
查問其中一口在路上逃躱將當該地方官治其不謹看守之罪其一
口順付訓練院僉正鄭允誠管押解赴外爲此合行移咨請照驗施行
須至咨者右咨戶部四年五月二十七日

七七

同日

朝鮮國王爲解送訓戎出身人事本年三月初六日據奏請使伊暉等馳啓英將言尼應古太部落居我人上年十二月分往訓戎越邊爲捕鵰設架四鵰入架之際訓戎人四五名及慶源人十二名來獵我地仍偸四鵰及架子諸具而去我人討還該物則訓戎李先達稱號者乃曰鵰與架子果爲取來云而不給其鵰只給他雜羽我人不取來訓戎慶源人我地所獵之雉兎獐鹿及所捉四鵰並皆入送所謂李先達者亦須捉送等因據此本國行文該道將慶源訓戎人等一一究問竟未得實大概兩國疆界只隔一衣帶水而當冬氷合便成陸地邊民無知不畏國法閒或潛行攙越不敢保其必無此理而絕徼荒野耳目所不及

況當禁令方嚴之時人人抵死牢諱雖欲查言語酬酢而已似無身犯
之罪然既有皇朝之命理宜押解使之自辯于衙門除將地方官從重
科罪外仍將前項李立另差訓鍊院僉正鄭允誠押領解赴以聽貴部
處分爲此合行移咨請照驗施行須至咨者右咨戶部四年五月二十七日
二十九日替兵部寫與朝鮮國王咨文一角交付兵部啓心郎丁文
盛挐去用印簽押
兵部爲傳奉事于本月日奉聖旨前慶河昌等避居熊島負固不貢今
朝鮮既動舟師擒捕解來忠順可嘉賜銀二百兩以示優禮爾部可移
咨與他令祇受給賜外仍查效力的將士量加陞賞欽此欽遵合行移
咨貴國照咨內事理希查驗施行須至咨者右咨朝鮮國王

八〇

同日替戶部寫與朝鮮國王咨文稿一張

戶部爲解送事據來咨云查越邊偸鵰之人未得其實至於李立與上國人言語酬酢而已似無身犯之罪押解使之自辯于衙門云云國王既言李立無罪本部焉肯強坐之從來以江爲界縱見倦雉墜地亦無越取之理今反出邊偸取但鵰乃微物恐由小及大潛成亂階故令嚴邊禁民耳至若二人逃去止將滿洲解來竟托言麗人逃躲不行解送是何緣故似此巧語唐突不惟人之耳目難欺卽魁神亦鑒之旨令馬付達查審回奏爲此理合移咨貴國希照驗施行須至咨者右咨朝鮮國王

八月二十四日代兵部寫與朝鮮國王咨文一角義州兵使安州兵

使平安道觀察使牌文三角(三牌有牌式在那簿子上明白)

兵部爲軍務事本月二十三日奉聖旨爾部裏星夜移咨與朝鮮國王知道昨于復州駱駝山地方得獲商船一隻船人口稱明朝差兵船三十隻向江東而去朕想明朝被我兵幾翻逼迫勢窮難支又見我兩國一家差此船無非偵探情形或襲彼邊民或乘機與彼國通往致我疑彼以生嫌隙可諭國王傳諭沿海將領速發兵船多載火器迎截于皮島勿令彼船近岸勿與彼人通話欽此欽遵合行移咨貴國照咨內事理施行

九月二十八日朝鮮國平安道兵馬節度使呈至兵部本部丁文盛

送進

八一

八二

朝鮮國平安道兵馬節度使林慶業爲謹中策應軍務事八月二十七日伏蒙兵部指授本月二十三日欽奉聖旨星夜傳諭安州兵使義州兵使知道迎截漢船事機祇受訖卑職卽欽命火急啓知國王一邊便宜設機部分沿海邊將龍川彌串少爲補鐵山井味宣川掘江楡味郭山宣沙浦定州都致串安州老江等船泊要害處使之列兵把守應機迎截用廣梁僉使李大樹爲舟師左營將用宣沙浦僉使金礪器爲舟師左營將各領兵船五隻搖載火器遮截明人船路使不得透到進岸一邊調起宣鐵龍義等各邑將卒亦令緊著把守境內海口旱路嚴加譏察彼間情形一仰照欽承信牌內事意施行矣卑職忝將陸兵離次下海則水陸掣肘似難遍察各處要害便有疎漏之患故此遵海按飭

終到義州無敢慢忽而竊觀明船七八個果爲現形西洋翻到東江或往來皮島地方者忽然捲回瞭望不得見一船現存想畏逼我邊兵機疑惑撤歸明白無疑也目今歲幣運船幸投此隙不梗回泊者幾至太半若非欽奉聖算及期迎截則我運船亦幾危矣我小邦仰賴欽照不勝幸甚卑職將竣事還鎮仰申報命外義州府尹黃一皓職是卑職管下不敢越分參報事理固當爲此合行具呈煩請照詳施行須至呈者

右呈兵部崇德四年九月十二日

同日又與兵部咨文一角亦丁文盛送進

朝鮮國王爲軍務事本年九月初一日准貴部咨八月二十三奉聖旨爾部裏星夜移咨與朝鮮國王知道昨于復州駱駝山地方得獲商船

八三

一隻船人口稱明朝差兵船三十隻向江東而去朕想明朝被我兵幾
翻逼迫勢窮難支又見我兩國一家差此船無非偵探情形或襲彼邊
民或乘機與彼國通往致我疑彼以生嫌隙可諭國王傳諭沿海將領
速發兵船多載火器迎截于皮島勿令彼船近岸勿與彼人通話欽此
欽遵合行移咨貴國照咨內事理施行等因據此爲照近來漢船絕無
蹤影不期前月二十六七日間接得邊臣所報有數隻船出沒於近島
之間心竊怪之著令邊臣處處瞭望審其行止以爲轉聞之地今審貴
部咨內事意皇朝已灼見其情形曲垂指教有同一家感幸之私實不
自勝除將所由事情更加申飭整頓兵馬屯守岸上一意待變以備非
常外爲此合行回咨請照驗施行須至咨者右咨兵部四年九月初五日

十月初六日寫與朝鮮國王勅諭一道十五日方發

皇帝勅諭朝鮮國王李倧知道初王在南漢山時原説我兵凡有征戰
輒當同往調爾步騎舟師或數萬或剋期會處不得有悞去年朕征明
朝降詔徵兵爾反以言語支吾不肯從命繼而緩悞師期朕一則怒爾
抗違再則以師期遲悞倍道遠來之兵又值時候寒冷不惟無益行陳
身且不能自保憐彼士卒故令之還此罪律以軍法殆不可恕雖然我
國諸王或有一二過失者每欲令渠自新而貰之朕之視王原無內外
此番之罪朕已念王而赦之矣倘其復然豈得常常僥倖哉朕之恩私
王一人或知之王之諸臣豈盡識耶且反謂以巧詐得免後來將恃曲
赦爲我例必有以強詞進者矣然朕之施恩若此爾宜愈加恐愼益著

忠勤之爲當也明朝之待爾國惟事凌侮見美女寶貨卽行強取爾反以父事之一毫不敢踰越然明朝之爲爾父豈天作之合歟大凡能順天時隨機權變者此眞明哲之士憂國憂民者之所爲今觀王之諸臣有如膠柱鼓瑟偏泥章句不知順時權變爲王之累耳特諭

八六

十一月二十二日戶部啓心郎張尙送進朝鮮國王咨文一角

朝鮮國王爲貢米見退不任惶恐稍寬限期以便輸納事本年十一月初十日據平安道觀察使閔聖徽狀啓該歲貢米一萬石內七千七百五石已爲呈納其餘二千二百五十石因色惡見退當初轉輸已竭許多人力目今事勢甚爲渴悶大小遑遑不知攸措等因得此具啓據此爲照皇上俯愍小邦凋弊年例歲貢特許退年進呈小邦之民受賜已

多本國君臣銘心感激竭力措辦不敢一毫慢忽第緣本國上年酷被
旱災播種既晚未及成熟又遭霜雹家收戶歛顆粒不匀勢雖固然罪
實難免而皇上曲垂矜恕不加厚責斯幸多矣改備新米以足前數其
在事理何敢少緩顧念小邦事勢非辦米之難而運致之爲難前此萬
石之輸兩西民力竭盡無餘而勑使之行又當此時雖欲剋期運納勢
所不能倘蒙皇恩特賜數朔寬暇令於明年春前准數輸納則當職庶
免於罪責小民不至於流離區區所望實在於此煩乞貴部備將本國
事狀轉奏天聰明降施行不勝幸甚爲此轉差司宰監僉正李俔賫咨
前去外合行移咨請照驗施行須至咨者右咨戶部
十二月三十日戶部送進朝鮮國王咨文一角

八七

八八

朝鮮國王爲刷送兀良哈人口事議政府狀啓節該十一月二十二日將兀良哈金者音大等已爲刷送去後今備忠淸道觀察使李厚源牒呈道內槐山居兀良哈金者音大妻母允化及子戒日等二名口淸州居兀良哈金一善嚴龍卜等二名刷送等因據此竊照所有兀良哈人口刷送之事日加申嚴而其搜出之未易如前所陳今此允化等四名口爲先解送京師允爲便益等因具啓據此擬令就行除將兀良哈允化等四名口順付謝恩陪臣議政府領議政崔鳴吉押解外爲此合行移咨請照驗施行

計開

槐山居金者音大妻母允化年八十歲子戒日年十八歲淸州居金一

善年四十二歲嚴龍卜年四十歲右咨戶部四年十一月二十五日

崇德五年正月初十日朝鮮國議政府與禮部公文一角

朝鮮國議政府謹申爲寡君病候一向彌留懇乞特許世子歸省事竊
照寡君證患非如一時偶感之比源委深重積有年所每到寒節輒復
加重今年則自八月以後轉成沉痼灼滿鍼藥靡所不至曾無寸效眞
元益敗乃于十月十五日夜痰火上升證勢危劇急用藥物僅得少歇
自是以來氣力尤憊火證乘虛進退無常脹氣日甚渴候兼苦喘嗽寒
縮諸證迭作雖當暖日不得開戶寢食都廢長在牀褥舉國臣民憂遑
煎迫曷有其極久欲具由以聞于下執事而寡居欽誦崇德二年十一
月十七日勅諭以止之日當勗義方之訓以竢恩命何敢以賤疾輒煩

九〇

陳達寡君之意如此卑職等不得擅行委報矣今者日月已久歲行垂
盡而病候彌留差復未易諸醫相顧計無所出卑職等竊伏惟念父子
之至情出于天倫病裏思戀理所難抑寡君縱不自言病懷宜復如何
倘於此際得蒙皇恩特遣世子則歡欣鼓舞之中跛躄皆起寡君沉痾
庶幾或痊世子嘗藥可盡其職皇上之大德如陽春一噓而萬物生色
小邦臣民益復感戴於無窮矣皇上於寡君之疾軫念亦云已至委遣
大官辱賜寵問繼以衣裘之錫又出心晛榮光所加孰不聳觀固知皇
慈天覆睿聰自昭恩旨之誕降無待于小邦之號籲而事急不暇徐步
痛極不容緩聲輒瀝血懇無所敢隱亦惟皇朝視同一家之義是恃伏
祈大部備將申內情節轉奏天聰特垂仁憫以副一國日夜之顒望不

勝大願至禱爲此轉差都總府都事供有量馳赴京師合行具申伏請
照驗轉奏施行須至申者右謹具申禮部五年十二月二十七日
十二日與朝鮮國王李倧勅諭一道戶部發去
皇帝勅諭朝鮮國王李倧知道禮部來奏爾議政府有申文到部云國
王證侯漸加欲求世子李溰歸省朕以爲不歸之故爾實致之也其故
安在朕原以爾國反覆不常質王二子爾若能恪遵朕命兀良哈人戶
盡行刷送逃亡者盡行縛還凡有徵調不致稽遲爾縱不得親來朝覲
遣所留在彼之子稽首君父之前如是則朕既見爾之忠誠疑心自釋
王之二子朕必令之往來無閒矣然則二子之不歸非朕不使之歸因
爾自疑以至朕疑故不令之歸耳近又違朕前旨擅修南漢平壤蓄積

糧草凡别處城池類此修繕者朕烏得而知之且朕既全爾有圖報不誠朕應疑爾今朕不疑王王反疑朕是何心哉王之土地朕已得之矣王之甲兵朕已敗之矣王之身王之妻子諸臣之身及諸臣之妻子朕已全收而復置之矣今亦何所利而再起兵端乎王之疑朕不勝其怪異若爾之忠誠實著則不特世子遣歸卽諸兒之在此在彼庸何傷哉雖然今仍遣世子歸省爾可將在彼所留之子及世子李湼之子速發至鳳凰城朕亦卽勅世子至鳳凰城相會俟世子歸省病勢而來其在此之子亦令還國朕待爾毫無疑心欲令諸兒互相往來耳愼毋背天而違朕命也特諭

九二

三十日戶部承政英俄兒代送進朝鮮國王李倧奏本一封

朝鮮國王臣李倧謹奏爲祇承皇勅敢陳下情事本年正月十九日祇
承勅書欽審俯遵本國政府呈申許令子溰歸省臣疾加以訓誨丁寧
無非開導愚迷洞釋疑阻之至意捧讀再三感懼交並竊照臣奉藩無
狀恒抱罪悔雖於賤疾之中自切思子之情顧不敢干瀆恩旨而諸臣
過慮自行申請以致該部之轉奏臣不及諭止方竢譴罰不料皇恩特
出望外以至此也第惟責諭之旨於臣本情實有不然者嚮者臣愚惑
失措自致顛沛幸蒙皇上再造之恩得以歸命委質無身而有身無國
而有國自是以後君臣上下一心感懼朝夕所講無非事大之務豈有
一毫疑貳以自外於覆幬之下也惟是刷送向化逃民一事臣亦極知
違犯約條日夜疚懷只緣敝邦政衰以來民不著籍如鳧居雁聚散無

統紀兵額日縮戶口日減姦民亡卒藏匿而莫知國家之患無大於此
臣忝位之初卽行戶統號佩之法行未一年以兵興而罷況今喪亂之
餘東西遷徙刷出之難專由於此臣之負犯此最重大雖被誅責實所
甘心尙蒙恩貸每切感頌至於城池修築之禁已係勑條不敢違越平
壤等處別無城壘加葺之處初因西路蓄積蕩殘挪移內道所餘穀物
以備應用而已若無糧草往來許多使價何所取辦脫有倭警則應有
上國來救軍卒亦何以供給此有國之常事豈有他意乎且敝邦都城
闊大難於守禦曾經甲子逆變有所懲創始議築城南漢以爲副都非
但爲外患而然也此城雖非邊地自前朝以來倭船由海入江內地州
郡奄被襲掠之禍者非一再矣況今倭情益復不測小邦雖恃上國垂

援援兵未到之間不可無倉卒藏身之地故略加補葺添設樓櫓者專爲南虞不得已之舉也然因勅使指揮卽行毀撤不復措意於此城矣臣之如此區區知明亦知爲罪既承開示恩諭不敢抱懷泯默庶幾曲赦之恩容令自今勅勵盡心遵依則是乃天地之量字育之仁而非臣所敢望也且臣第三兒淯早宜入覲而緣渠未行痘疫不欲遠出且因賤疾沉綿形影相依因循未決頃因使命之臨始發交替之請此又臣之不敏也今奉聖旨特令此兒帶同子溰之稚子許與交替于近界此是過望恩眷子淯並率其妻眷已卜閏正月初九日起程前往不敢緩矣第念稚孫生纔五歲尫弱多疾且有風悸之證冒寒遠行驚惶勞動則恐不免顚仆於中路必須徐行歇滯閱月方達則交替之期其勢自

遲正當舟師整齊農畝播殖之初夫馬迎候之後一時並舉則西土殘
民必不能堪以致流散臣於積痾之中思見久別之子其於私情寧有
限量顧惟舐犢之情雖切保民之計亦重子𤀹出來之期姑待舟楫之
發農種之隙更申恩典許令歸省則雖與陪臣申請之意有乖臣自度
民力之困不計相見之早晚不得已而煩此奉請更稟明旨不任戰灼
之至緣係祗承皇勅敢陳下情事理爲此謹具奏聞伏候聖旨五年正月
二十二日
閏正月初二日代戶部寫與朝鮮國王咨文一角
戶部爲傳奉事本月初一日奉聖旨爾部裏速移咨與朝鮮國王知道
曩者朝鮮縛送慶河昌等其餘黨尚存已經遣我兵百人收捕今獲其

男婦五百名口但此屬及我兵與前所獲慶河昌等俱絕糧在彼可咨
國王速令所在官員計口發糧付我差官俟差官回日報糧若干他年
照數減送鳳凰城之米欽此欽遵合行移咨貴國速照咨內事理施行

二月十三日與朝鮮國王勅諭一道俄末兎賚去是小密勅

皇帝勅諭朝鮮國王李倧知道王曩者謁見時朕芥蒂盡釋卽與之坐
而解衣衣之推食食之眷愛如此豈有不思圖報之理故于王毫無所
疑也惟慮王之臣僚諸人以巧詐讒言從中離間王或信之又聞諸臣
質子內多有庶出螟蛉及族中遠房之子姪然此事王豈知之蓋諸臣
將朕與王俱朦朧耳王其詳勘而細察焉至於常往爾國使臣馬付達
通事刀里同病而死京中諸醫言受慢毒此醫者之言但眞與假安從

九七

知之朕想來或官中有惡念之小人兵閒被害之仇家報怨肆毒亦未可必然此事王亦烏得而知特降此勅使聞于王王其留意可也故諭

三月十七日兵部談拜朱馬拉金維城送進朝鮮國王李倧奏本一封

朝鮮國王臣李倧謹奏爲西上舟船遭風敗沒事議政府狀啓本年正月十七日據忠淸道觀察使李厚源馳報本月十四日該藍浦縣監朴安仁牒呈據海邊居民田應裕告稱本縣西上糧船一隻本月初十日開洋行使十一日到保寧縣竹島前洋忽遇颶風將船覆沒所載官糧全數渰失等因據此本月二十日據本官馳報本月十四日該庇仁縣監呂渭老牒呈據都屯串戸首注同告稱本縣西上糧船一隻當日卯

時分自本串開洋行到藍浦縣黃竹島前洋有海賊船一隻刧奪本船仍向外洋等情得此隨令各浦將領多發軍兵護送等因據此續據全羅道觀察使元斗杓馳報閏正月二十八日該靈光郡缺官代任咸平縣監盧后卨牒呈本月二十七日有本郡九水浦居民等告稱二十四日後晌時西上船二隻本浦前洋覆沒等情得此著據右水營虞候辛嗎將長興府梢工占福蛇渡鎭梢工安德立等到官問責得本人等說稱本道左水營虞候邊以震率領本道諸船去二十三日於外島止泊二十四日早潮開洋猝遇狂風大作雲霧四塞長興府兵船一隻在道音所前洋斫折前檣仍爲覆沒俺等三名則本船覆沒之際當於巖石上攀緣得生蛇渡兵船一隻亦於一時敗壞在船人等雖不淹死俱各

九九

病傷虞候坐船一隻及兵船一隻不知去向各船裝載軍糧兵器什物
幷皆渰失等情具呈劃著本官將渰死人等照名查得所有邊以震梯
已件當六名四隻船人梢水共六十五名盡爲渰死呂島糧船亦爲覆
沒等因據此續據黃海道觀察使林㙠馳報二月十八日備吾乂浦萬
戶金以朴牒報京畿忠清道等西上船二十八隻行到長山串前洋林
川郡船一隻遭風覆沒渰死軍人八名等因據此本月二十七日據舟
師副將李浣馳報卑職蒙差本月十九日到平安道永柔縣留待各道
船隻去後二十三日該本縣望海監官崔詠鳳報稱二十二日午時分
忠清道西上船二十二隻一時遭風敗散等情得此隨據敗船逃生出
來人忠清道結城縣水軍金凡守泰安郡水軍崔承男等供稱根隨本

道水營虞候韓旺率領西上大船三隻糧船二隻本月十九日到黃海長連縣海口灣泊二十一日早順風開洋本道船二十二隻京畿船五隻一時隨䑸行使猝遇風反當日亥時分風浪大作不見四向帆檣當康等縫俱各斫折攏裂所載軍糧什物等項亦皆漂去無存本船爲風濤打閣淺沙猛加跍顛虞候及根隨官吏梢水人等并爲渰死俺等二人當得浮板傍岸救命本道水營第三第四船隻亦一時覆沒第一第五船及各邑諸船昏夜飄散不知去向等情得此及責得本道水軍全永男孫吉等供稱俺等乘駕水營第三船與金凡守等船一時敗沒所載軍糧軍器等項幷皆漂失渰死梢水十八名俺等二名當得浮板漂泊得生等情得此本道稷山縣吏人金彥福梢工楊生等供稱俺等乘

駕水營第四船與金凡守等船一時敗沒所載軍糧軍器等項并爲漂
失渰死梢水十四名俺等當得帆席隨波來泊等情得此本道泰安郡
梢工安明信崔蘭守等供稱俺等根隨所斤浦節制使崔德仁充梢工
行船到黃海道長連地與各船一時敗沒渰死節制使及根隨伴當梢
工人等并十八名其餘事情與金凡守相同保寧縣梢工訥世鴻山縣
吏人徐德梅等供稱俺等乘駕保寧大船二隻裝載鴻山縣軍糧軍器
等物與金凡守等船一時敗沒渰死鴻山縣吏梢水人等一十名俺等
或得浮板或得帆席隨波來泊等情得此瑞山郡監官崔厚悅吏人尙
獜梢工末男等供稱俺等乘駕瑞山郡大船二隻各載本郡米糧軍器
等項隨䑸行使一隻到喬桐縣覆沒一隻與凡守船一時覆沒渰死梢

工五名俺等及梢水二十九名俱各搶捉浮板帆席等物近岸得生等
情得此洪州梢工文世供稱俺等乘駕本州第三船金凡守等船覆沒
時分本船所載軍糧軍器供具什物幷皆卸棄洋中隨波來泊幸免死
亡等情得此續據平安道觀察使閔聖徽馳報與李浣所報相同續據
舟師副將李浣馳報所據船隻敗沒去處委遣軍官人等分投詳探去
後回據各人等報稱忠清道水營第一船虞候韓旺坐駕全船敗沒第
二船不知去向第三第四第五船全船敗沒泰安郡第一船所斤浦節
制使崔德仁坐駕全船敗沒第二船渰死梢水人等漂泊于永柔縣通
海里保寧縣第一船全船敗沒第二船漂泊于永柔縣里海通瑞山郡
船一隻全船敗沒藍浦縣船一隻漂泊于永柔縣蓮下里林川郡船一

一〇三

隻漂泊于永柔縣釜蓋韓山郡船一隻全船敗沒只有底板漂泊于永
柔縣釜蓋里舒川郡第一船漂泊于永柔縣釜蓋里第二船渰死梢水
人等漂泊于永柔縣通海里洪州府第一第二船漂泊于肅州唐子浦
第三船渰死梢水人等漂泊于永柔縣釜蓋里沔川郡船一隻漂泊于
永柔縣蓮下里結城縣船一隻全船敗沒海美縣船一隻全船敗沒而
各船渰死屍首及漂失板料什物平壤順安永柔肅川沿海地面彌滿
蔽下所見極爲慘酷各處漂到船隻亦皆損害只存板子所載米糧軍
器腳船等物無一存留等情得此卽著各邑官吏人等打撈屍首隨得
埋瘞板料什物亦令在處收拾等因據此續據忠清道觀察使李厚源
馳報本月二十三日該泰安郡缺官代任瑞山郡守宋時吉牒報當日

日晡時本郡西上船護送將趙希奉告稱慶尙道西上船二十隻昨日日沒時到安興鎭港口金海府船一隻爲風濤搖蕩兩棧當㢠等縫俱致擺拆泥水進倉蔚山府船一隻亦於一處渰沒等因具報據此臣等竊照所據西上舟船相繼覆沒除已經查驗閏正月以前敗失兵糧船幷七隻將領梢水人等六十餘員數隨令各邑劃卽改造充備趕趁同泊外卽目黃海平安忠淸道等地方去處各道兵糧船三十二隻幷其所載器械什物及軍糧九千三百六十七石將領三人梢水二百五十九名全數漂沒其不知去向未經查驗船隻皆在洋中漂沒必至一樣覆敗無餘設或漂到他邦理難保全脫歸船數大縮決難充備勢事十分窘悶合無將此事情轉達大朝允爲便益等因具啟臣據此參詳臣

欽承皇命殫竭國力催督辦集期趁二月晦前依馬將所戒回泊安州海港計日待報不敢少忽而冬春之交風或不順若干船致敗勢所難免隨即充備尚可及期以此不敢瀆煩陳聞矣今此颶風之作前所未有內江漕船亦皆蕩覆甚是驚怪至於許多西上兵糧船隻一時敗沒出於意慮之所不到事勢窘迫罔知攸措臣不勝憂皇渴悶之至緣係西上舟船遭風敗沒事理爲此謹具奏聞五年三月初四日

十八日與朝鮮國王勅諭一道送至禮部交英俄兒代滿打喇漢傳來官張禮忠領去

皇帝勅諭朝鮮國王李倧知道朕閱來奏皆兵糧漂沒致朕之怒並無兵糧依期而至致朕可喜之言此必欲悞我兵糧故預爲巧飾耳從來

千百海運船中一二漂沒者蓋亦有之卽爾國向日行船豈無覆敗者爾於崇德三年曾悞師期爾已伏罪朕亦曲宥望爾自效於後日今復欲悞我兵糧有負恩如此者乎由此觀之南漢平壤之修繕萌有惡念信不虛矣人之報恩有累世不忘者爾何三歲間而頓忘之耶朕閱遼金元三史朝鮮之爲國反覆無常不過貽禍其國何嘗有利益哉蓋爲善數世而不足爲惡一朝而有餘況三歲之中我何弱而爾何強乎爾興此念誠逆天而負朕也朕於是月二十日遣督發兵糧將官一員押船官二員前往安州的於四月初十起行兵糧之旨傳之已二年豈猶措辦未及也特諭

十九日戶部啓心郎蘇私祖送進朝鮮國王來咨二角譯完次日交

承政及布代原咨及譯稿夆去

朝鮮國王爲追進歲獻未准黃金事當職爲照黃金元非土産貿得亦
未易故上年歲貢金元數百兩内僅得五十兩其餘五十兩則以白金
一千兩替備封進去後該部不許代捧仍以所有白金還付于進貢使
臣之回當職無任竦慄卽令該司更加竭力務卽措置而喪亂之餘市
廛蕩然遍搜閭家絕無所畜積銖累分始克備數除將黃金五十兩另
差司譯院僉正趙孝信賫呈進外爲此合行移咨請照驗施行右咨戸
部

同日

朝鮮國王爲科斷罪犯事本年二月十九日據宰臣申得淵狀啓本月

十三日衙門著鄭譯傳言以義州府尹黄一皓所犯事奏奉皇旨節該令本國定罪咨稟以憑區處等因據此爲照上項黄一皓以本府長官上國使臣留養騎馬見有倒損則所當謹守待檢而察任不謹致令監守下人私自割肉當職殊極驚駭已於今年正月分卽令拏推究問議擬革職發配遠道去後玆承分付當有咨稟除將黄一皓科斷罪名從實具咨順差知中樞府事張禮忠賫去恭俟大朝處置外爲此合行移咨請照驗施行右咨戶部 五年三月初四日

四月初四日戶部啓心郎布代偏俄送進來譯原呈初十日布代取去

朝鮮國舟師上將林慶業謹呈爲發船定日事監軍出來以四月初十日行師發船其所傳令急于星火此係莫重軍律出自帝命則其在小

二〇

將何敢違犯而凡行師卜吉乃兵家之第一急務古今之通行軍法小將雖名微才劣不合將領而乃所任則一軍司命所關重大又此海路尤非陸地行師便宜行止之比所關尤爲重大必須將小將所生年月日時卜筮協從然後一行大小人衆皆有利涉之吉而其福利終歸于大國則小將一行之吉凶亦係于大國之利害所關尤重且大尤不可等閑又況初十日潮水淺短舟師運用實所不便設使同日果是吉日許多體大之舡流下尤難以此以彼所定初十日决不可用之故詳審推涓選得四月十七日當于穀旦發舡而行爲此合行具呈伏請照詳施行須至呈者右呈監軍臺下五年三月三十日

十九日羅書自戶部王府拏來俄莫兎譯次日原咨幷譯稿交與哈

凱拏去

朝鮮國王爲解送向化事議政府狀啓本年三月十八日據忠淸道觀
察使李厚源申稱陰城向化今奉並其母妻捉獲監候押送等情得此
臣等竊詳係是該部前日來咨所錄中人名而今得現捕所據今奉年
二十三歲伊母莫介年四十五歲伊妻今合年十八歲果是忠淸道陰
城附居向化也合無劄卽解送便益等因具啓據此除將今奉並母妻
三名順差謝恩陪臣領中樞府事李聖永押送京師外爲此合行移咨
請照驗施行右咨戶部五年三月二十二日
五月初五日布代偏俄少章將朝鮮國王奏本一封因聖駕在開城
送來次日附布代囘送赴本院

一一

朝鮮國王臣李倧謹奏爲欽誦訓誨備陳情悃事本年三月初七日欽奉密諭聖旨節該王之臣僚以巧詐讒言從中離間王或信之又聞諸臣質子多有庶出螟蛉及族中遠房之子姪王其詳勘而細察焉至於使臣馬付達通事刀里同病而死京中諸醫言受慢毒欽此臣竊照小邦君臣父子蒙恩再活圖報不暇此固皇鑑之所燭也至于在廷臣僚莫不畏威懷德改舊從新旣絕橫議之端自無傾信之理茲承警勉丁寧但思終始惕念更無所達矣諸臣質子當初非不整飭以送第於其中有雖有嫡子而適緣廢疾代以庶出者或有初送嫡子而稱諉他故代以螟蛉者此則臣亦知之而未及查正矣今奉聖諭另加詳覈則果有疎遠混冒之類臣之不察甚矣卽將諸臣下獄究治次第定罪盡行

黜配其已往質子等當待新除官等質子入往交替之後便卽拏還自
今更加審察庶無罪悔矣惟是使臣及譯人等不幸相繼病故臣亦駭
怛而至于慢毒之疑則非但古今未聞此說該國之內亦未聞用此術
害人者諸醫所云大不近似況馬將金譯自初主管和事有大造於小
邦交際之間情義最親雖有惡念小人孰敢偏逞仇怨乎天日在上必
無此理矣大槪此等情節虛實疑信之間若非皇上推仁行恕密加訓
誨使之自勉自察則臣之區區中誠將無以暴白雖至誅責安所逃避
今奉勅旨仰惟聖度包荒委曲保全以至此極不勝惶恐感激殞結爲
期除欽遵銘佩奉行外緣係欽誦訓誨備陳情悃事理爲此謹具奏聞
崇德五年三月二十九日朝鮮國王臣李倧

一一三

六月十四日朝鮮國王與戶部咨文二角布代偏俄送進

朝鮮國王爲查報也春屯穀搬運石數事議政府狀啓本年四月二十二日據咸鏡道觀察使睦長欽馳啓備慶興府使申應材牒呈節該也春屯所各種米穀三千一百七十八石及犂口一百口鏁子三十九箇除令監官鄭山河運到大朝差官沙將處照數交割外受票文繳報等情得此查照先准戶部咨本年閏正月初一日奉聖旨節該慶河昌等餘黨已經遣兵收捕但此屬及我兵與前所獲慶河昌等俱絕糧在彼可咨國王速令所在官員計日發糧付我差官俟差官回日報糧若干他年照數減送進鳳凰城之米欽此欽遵所據米穀既已畢運合將右等情節移咨該部爲便等因具啓據此理宜咨報今將各穀石數開錄

於後差官領納票文一張並爲遞送煩乞貴部查照移咨內事意以憑
轉奏幸甚爲此合行移咨請照驗施行　計開　田米六百九十石零
粟一千二百二十六石零　粧八百九十石　稷七十六石　黃豆
二百四十三石零　蕎麥十五石　黍十三石　水荏子三石零　麻
子七石　小豆十二石　犂口一百口　鐵子三十九箇　右咨戶部
崇德五年五月十二日
同日
朝鮮國王爲復業人口事議政府狀啓本年四月二十二日據咸鏡道
觀察使睦長欽馳啓備慶興府使申應材牒呈節該本府也春運穀監
官鄭山河告稱本役搬運各樣米穀三千餘石交割大朝差官沙將根

前去後遇有我國人民防垣鎭土兵朴介孫等男女幷二十名口見在也春部落本役就盤問得本人等說稱去戊寅年分越投羅汗部落仍爲移住此地作業等情說罷本役告蒙差官分付朴介孫等理宜刷給而非本職所敢擅便你可報知地方官司轉達國王移咨該部等情得此臣等竊照所據朴介孫等擅自越境投入也春原其罪犯委屬可惡合無備將前因移咨該部刷回原籍允爲便益等因具啓據此爲照小邦既已效順大朝卽係屬藩其人民口產比同一家任其移住固無所妨第念境界有限不可相攙而此人等移住也春在于小邦款付之後刷還之舉誠不可已煩乞貴部查照移咨內事意卽將朴介孫等刷回原籍以便復業不勝幸甚爲此合行移咨請照驗施行右咨戶部 五年

五月十二日

同日代戶部寫與朝鮮國王咨稿一張布代偏俄拏去

戶部爲復業人口事准王咨內云有朝鮮國人民二十口逃往也春屯欲本部刷回原籍允爲便益等因已經詳問其人來歷內六口果係朝鮮民戶其十四名口原係本兀良哈逃入朝鮮而後復歸本處者旋已奏聞奉聖旨將朝鮮人民六口刷回原籍欽此欽遵合無移咨貴國照驗咨內刷回人數領受須至咨者

去

二十七日與朝鮮國兵使林慶業等勅諭一道差胡球額色黑一賫

皇帝勅諭朝鮮國兵使林慶業等知道爾主李倧南漢面服時曾奏云

一一七

二一八

本國船隻堅固利於對敵明朝船隻甚脆不能當也今在道遷延日月將三船託言飄去暗通消息及見明船不即迎敵乃云船隻不利故不敢進此豈非與明朝合謀耶朕以既爲一家欲同心協力以征明朝故調爾兵船爾朝鮮素善鳥鎗若肯用心施放明人柰之何哉爾等許多舟師止遇三十八船遂不迎敵前途其又迎敵耶雖數人被傷而死乃爾等欲掩人耳目寧惜此數小卒耶且朕原令爾等遇敵則戰指爾等以納米之處曾有半路軛回之諭乎爾等之來亦期遇敵則戰納米於所指之處曾謂絕無兵船阻隔乎今爾等淹留水上既不前進又不後退者皆爾主與明朝通謀故爲巧飾耳且朕原不因此處乏米故令送納也因兵船之便故順帶耳既不遵納於需用之處此米朕亦不收爾

等或棄之或帶回或從水或從陸聽爾自便朕不與也特諭

七月二十六日朝鮮國王李倧差敦寧府簽正李俔賫到奏本一封

朝鮮國王臣李倧謹奏爲軍務事議政府狀啓本年七月十一日據世

子從行陪臣金藎國等馳報節該六月二十七日欽奉范文程等宣諭

聖旨林慶業等舟師不肯前進所載米包亦不卸下此何意耶欽此合

行具呈等因據此本月十四日續據本官等馳報節該本月初五日欽

奉本官等宣諭聖旨節該錦州衛分今方圍駐舟師中一千五百名將

欲抄出以爲調用之地其餘軍兵許旱路放還留此一千五百名衣糧

馬匹不可不趁時入送且此正軍一千名外卜直軍五百名并一千五

百名所食之糧使放還軍輸納載船餘米於海州衛此後軍兵替代運

一一九

糧等事唯在本國處置礮手雖不騎馬至於衣資及糧不可無馬運轉
欽此合行具呈等因據此臣等竊詳林慶業等既蒙差委不卽前進稽
延時月致勤聖諭殊極可駭至於留軍一千五百名衣糧馬匹本國理
宜一遵皇命趁卽輸送軍前而仍念自此到彼道理絕遠以本國蕩涸
之餘米馱陸運萬分難堪委切悶慮初船上所載應納歲米一萬包外
軍糧一萬七千石雖有一行支放風濤損傷之數數必不多以此推移
輸致果爲便益所據軍兵衣資及將官等所騎馬匹則自此殫竭措備
寒凍之前庶可入送宜令該曹作速擧行宜當合無備將此等情節轉
達朝庭明降相應等因具啓據此臣竊照臣欽承皇命罄竭國力營辦
舟師一依使指名分付定將入送本欲其前赴信地以效誠力於萬一

而不期林慶業等梗於海路不能前進其間事勢之難易雖不可遙度中路延滯之狀委屬驚愕幸賴聖度包容特賜寬假既許放還無用之軍又抄一千精礮以備陸戰之用則小邦區區報效之地唯在於此其留住軍卒衣糧馬匹等物所當盡誠勖勤奉行之不暇而第惟一千餘名糧資用馬輸運於數千里地決非本國事力所堪支辦依此狀議將船所所在之米推移取用便近輸致允合事宜軍兵衣資及將官等所騎馬匹卽著該曹盡力措辦及期輸送軍前庶不至重煩皇上之軫念而曲盡小邦恪勤之誠伏乞皇上特諒右等情節亟賜明降允爲便益臣不勝祈懇之至緣係軍務事理爲此謹具奏聞伏候聖旨五年七月十八日

一三一

八月二十八日

朝鮮國王爲軍務事議政府狀啓本年七月十八日將留駐軍兵一千五百名禦冬衣資及將官騎坐馬匹趁期措辦輸送事意差敦寧府僉正李侻齎擎奏本前赴京師去後本月三十日據舟師上將林慶業馳報節該卑職欽奉聖旨擇抄礮手一千名火兵四百二十八名各該將領通共一千五百十二員領向海州衛分其餘軍兵令副將李侻率領出送等因據此當日續據舟師副將李侻馳報節該卑職率領出來各該將領軍兵及梢水人等合四千六百五十一員名本月十六日與上將林慶業行到蓋州衛分將出來軍兵所賫襦衣襦袴披肩兀剌靴等物件移給留駐軍兵以爲禦寒之資二十四日行到湯站等因據此臣

一三三

等竊照所據留駐軍兵禦寒等具林慶業等已將出來軍兵所賫衣袴鞋腳等件倍數分給則已辦衣資不必疊送軍前重貽輸運之弊而留將官騎坐馬匹亦著該司順差入送允爲便益合無備將前因移咨該部施行等因具啓據此爲照當職將留駐禦寒衣資措辦輸送等情雖已具奏天聽而禦冬衣資已將出來軍兵所賫等件倍數移給今不輸送只將將官坐馬十五匹順差入送煩乞貴部查照咨內辭意轉奏明降施行

九月二十五日朝鮮國王差都總府經歷魏山寶賫到奏本一封

朝鮮國王臣李倧謹奏爲軍務事議政府狀啓本年八月十五日據世子陪從臣李行遠馳報節該訓鍊院判官宋士豪自林慶業處回來說

稱八九月軍餉支放之後其餘三千八百餘石以車輛載運則一車容載不過三石當用一千二百七十五輛以馬匹載運則一馬容載亦不過二十斗當用二千八百六十八匹運糧一事委屬悶慮等因據此九月初四日續據義州府節制使沈之濵馳報節該八月二十八日備林慶業標下將官騎坐馬領將崔喜男口稱卑職領將官騎馬十五匹行到鳳凰城柵門外有守堡將説稱軍糧載運之馬當用一千五百匹而如何只送將官騎馬十五匹不許進入卑職再三告訴終不聽從不得已回還來了等因據此本月十二日續據世子陪從臣李行遠馳報節該八月二十八日皮牌傳氏等持本國李曄所賫咨文來見世子説稱本國運糧馬匹緣何至見不見送到咨文中亦無皂白是何誠信等因

本月初六日欽奉范文程等宣諭聖旨運糧夫馬尙無形影是何道理
欽此欽遵合行具報等因據此臣等竊照本國之去海州衞數千餘里
海州衞之去錦州衞又不下十餘日程則其閒道里之夐遠輸運之艱
難有非本國物力所可支靠今欲調發脚力運致軍前則民力已竭責
出無所又欲備送價物雇車貰馬則國用板蕩需辦沒策百爾劻勷罔
知攸措第惟林慶業率領一千五百之軍亦有賫去軍需意謂本官可
以周旋搬運而尙慮本官所賫不敷姑令戶曹辦得若干輕貨等候本
官馳報隨卽入送以爲添補之資去後卽接李行遠等馳報內事意誠
極惶悶著落該曹將已備雇價又買馬匹上緊入送或爲將官所騎或
爲運餉所用尤爲便益合無備將前因轉達朝廷明降相應等因具啓

一二五

一二六

據此臣竊詳小邦之於大朝惟大小唯命盡力所及不敢稍有緩忽則況此運糧一事至重且急尤宜日夜區畫竭盡心力冀使負戈之士得免飢餓之患而仍念小邦創殘之餘公私赤立加以獲戾於天今歲旱災振古所無七月霜降八路失稔孑遺之民救死不瞻雖欲勒調夫馬載運糧餉而勢已至此計莫柰何惟是林慶業庶有搬運之勢故姑辦若干輕貨以待其報而不期卸岸之迄未轉輸今以小邦之軍餉重煩上國之軫念致勤大官傳諭皇命臣誠隕越無地措躬益見皇上恤民之恩字小之仁出於尋常萬萬則環東土百萬生民孰不感戴皇靈而陣前軍兵亦孰不飽德啣恩皷舞於皇上如傷之澤哉竊想林慶業所齎不敷必不能准辦腳力之價以至如此臣之罪戾至此尤大茲將銀

子六千兩及將官所騎運餉所把馬幷一百匹送到軍前以補其不敷
之數而敢陳鄙悃恭候嚴譴伏乞皇上特諒奏內情節亟賜寬恕不勝
幸甚臣無任兢惶屏營之至緣係軍務事理爲此謹具奏聞右謹奏聞
伏候聖旨

十月十四日與朝鮮國勅諭一道

皇帝勅諭朝鮮國王李倧知道王在南漢時曾云若蒙聖恩生養保全
其國家不絕其宗祀則自臣之身以至擧國臣民莫不頂戴皇上之功
德同天地矣凡有明旨毫不敢悞子子孫孫惟是敬守而已朕亦以王
念生全之德必能不忘信義終踐斯言者也故沛我德意全爾國家使
得世守其宗社焉然自茲以來朕觀王之背旨悞事暨悞我師期者亦

一二七

多矣且於未事之先預爲巧飾之地圖後來說謊以應前言所行若此
竟非初念亦非昔日之言也故特大臣英俄兒代等至義州其一應事
體悉令向王口宣結局回奏特諭
二十一日戶部參政李國翰送進朝鮮國王與戶部咨文一角原咨

　未受錄咨稿一張

朝鮮國王爲平定價值以贖俘口事本年六月二十五日漢城府狀啓
據京城五部及各道列邑大小人民等呈稱節該俺等各有父母兄弟
妻子爲大朝軍兵擄去今已五年之久其中雖有若干贖還之人亦不
能百分之一而他餘貧乏之輩盡賣田宅借貸族鄰僅辦價值經涉險
艱徒步入往而本主論價頓高定數無節雖老疾孱弱不中役使之人

苟其至親願贖則什倍其值不爲許贖往返之際虛費已多故其復往則所賫之物又下於前數雖知其無益徒勞而其所以至再至三猶不知止者只欲一見面目以盡其骨肉之至情而冀本主之矜憫也況本國本不以銀爲貨市上交易只以綿布行使一自贖還之後銀價騰踊倍蓰于前今以經亂赤立之民辦得十兩之銀已盡其骨髓脂膏則何況其少不下四五十兩而多則數百兩者乎百金爲中人十家之産則哀我無告窮殘之民將何以措辦許多銀兩贖還其父母兄弟妻子乎人之于父母兄弟妻子隨力所及何所不至而各天之痛與歲俱深搥胸泣血計沒柰何念我東方百萬生靈咸囿于大朝字育之中而特蒙皇上許贖之命全活之恩至矣盡矣則何獨於論價之日不分男女弱

一二九

高低唱價只從本主所欲使不得贖還乎如此恐非皇上特典許贖之
至意也如蒙轉達朝廷許令分等減價而平交易使未贖之人俱被生
成之澤不勝幸甚等因據此臣等竊照所據贖還之節果如呈內辭意
合無備將前因移咨該部量宜定奪明降相應等因具據此爲照先于
崇德二年正月二十八日欽奉宣諭聖旨節該若欲贖還聽從本主之
便欽此卽著國內人民各自備價入往節次贖還去後今者兵燹之餘
加以連歲荒歉公私板蕩民不聊生飢殍塡壑者往往有之而猶且以
減價贖還之說在處號訴願達朝廷者蓋其至情所在不能已也然也
原其情理委屬矜惻煩乞貴部曲諒咨內事意轉奏天聽自今以後自
衙門略爲限節使之平定價値以便贖還允爲便益爲此合行移咨請

照驗施行須至咨者右咨戶部崇德五年九月十六日

二十五日朝鮮國王臣李倧陪臣懷恩君李德仁漢城府判尹安應亨等賫到稚孫還國謝皇上恩的表

朝鮮國王臣李倧言崇德五年八月初四日臣欽蒙聖慈命臣稚孫還臣膝下臣與一國臣民不勝感激謹奉表稱謝者臣倧誠惶誠恐稽首稽首伏以骨肉離居方深思想之念孩提返國遽紓渙汗之恩非所敢望何以爲謝伏念臣僅延墜緒叨守徼藩歸命聖朝幸際乘龍之運沉痾積歲徒懷舐犢之心那知日邊之洪私特還乳下之微命手摩膝置疑夢寐之相看春去秋歸喜驅馳之無蹔闔門有日報答何階茲蓋伏遇寬溫仁聖皇帝陛下更化爲治及人之幼許弱息之省疾榮極寧親

念偏荒之阽危仁洽字下遂推帡幪之不覆亦及襁褓之稚孫臣敢不
永戴天休益勤侯度雲仍傳業訓縱昧於貽謀斗極懸誠忠不諭於事
大臣無任望仰天聖激切屏營之至謹奉表稱謝以聞崇德五年九月
十六日朝鮮國王臣李倧謹上表

崇德六年正月初一日申景禎等賫到赦罪減歲貢米謝恩表
朝鮮國王臣李倧言崇德五年十一月二十二日賀節陪臣懷恩君李
德仁等賫捧到勅諭十月二十五日乃朕生辰實中外希恩之日也因
仿舊典除十惡外凡國中一切罪犯盡行赦之朕思中外俱屬我國國
內既赦亦宜思及外藩想爾國歲貢米萬包皆取於民者今減去九千
止貢千包使爾臣民同此歡戴特諭臣欽此欽遵外與一國臣民不勝

感激謹奉表稱謝者臣倧誠惶誠恐稽首稽首伏以壽節載臨方中衍
祉之祝綸音誕降特荷減米之榮祗積兢惶何階報達伏念臣偏荷洪
造得保餘民力綿才微恒抱罪戾之懼時艱歲歉重貽飢饉之憂爰當
震夙之囘期遽蒙雷雨之施澤開殷網三面之德細大咸懷減漢庚萬
包之輸九千其數斯實曠世之寵渥豈非振古之仁聲茲蓋伏遇寬溫
仁聖皇帝陛下光裕鴻基丕恢駿業損上益下惠已洽於多方厚往博
來恩罔閒於四裔遂推大賚普施殊藩臣敢不銘鏤圖酬砥礪思效恒
持一節遙拱北辰之尊長與萬生共祈南山之壽臣無任望天仰聖激
切屏營之至謹奉表稱謝以聞崇德五年十二月初四日朝鮮國王李
倧謹上表

一三三

同日申景禛等賫到陳情奏本一封

朝鮮國王臣李倧謹奏爲恭奉嚴旨略陳情曲冀蒙恕察事本年十月

二十九日慱氏車破回等官齎捧到勅諭節該王在南漢時曾云若蒙

聖恩保全其國家不絕其宗祀則自臣之身以至舉國臣民莫不頂戴

皇上之功德凡有明旨毫不敢悞朕以亦王念生全之德必能不忘信

義終踐斯言也故沛我德意全爾國家使得世守其宗社焉自茲以來

朕觀王之背旨悞事暨悞我師期者亦多矣且於未事之先預爲巧飾

之地圖後來説謊以應前言所行若此竟非初念亦非昔日之言也臣

欽此除欽遵外竊照人之常情莫不好生惡死懷德畏威臣雖瞢暗豈

無此心旣蒙皇上恩造獲保垂絕之命委質爲外藩之臣其欲益效誠

款厚答鴻私庶幾憑藉威靈鎭我疆土以報我皇上存念之意者此實
小邦君臣日夜耿耿於中者豈有違犯約條自速罪戾之理哉往者陸
軍之徵屬當大兵之餘重遭災旱難於徵發資送敢煩祈請致稽師期
幸蒙恩宥俾圖後效擧國惶感如得再生矣今歲舟師之役罄竭國力
僅能辦集而不料盲風梗海連月未已領將畏法趁期催進多致敗溺
臣誠憂駭惟再悞師期是懼一面據實陳聞一面嚴督邊臣星火完輯
幸免違悞雖將不習軍兵未效績臣之心誠天日是監耳目森列事迹
難掩雖欲譸說何可得也君臣之際情義無間仰恃皇上字小之至意
事有所難或煩呼訴前後情形本非二致先期陳奏所以欲免後咎何
敢巧飾相應之說預爲掩蔽之地哉臣之妄意如此等事非係違越約

條乃是別祈恩典以便國家煩瀆之罪誠有之矣第惟臣智識淺短治理蔑裂託命奉藩四年於玆尙不能修舉國政安集民生以供大朝之役而兵殘財竭四境蕭條常有渙散崩潰之憂雖竭麼焦煎以承明旨而力不從願勢未如意此固臣之大罪也每念藩服荒遠事情多阻流言易行赤心未暴尋常憂慄如在覆盆之底幸聖度天廣恒加憐恕今又特降恩勅俾得自理區區所懷庶可少伸惶恐感激不知所裁緣係恭奉嚴旨略陳情曲冀蒙恕察事理爲此謹具奏聞右謹奏聞崇德五年十二月初四日

同日禮部啓心郎齊周送進朝鮮國王與戶部咨文一角

朝鮮國王爲乞禁過江兵民以紓弊端事本年九月二十五日據咸鏡

道觀察使呂爾徵狀啓節該近來越邊屯住兵民擅自越境需索米糧
等物稍不如意輒加嗔責所在官司莫敢辯詰隨覓應副日不暇給旣
難以力止之又難以口舌開諭邊儲罄竭勢難支吾委屬悶慮等因具
啓前來據此行據議政府狀啓臣等竊照越邊居人雖是大朝軍民委
無所幹而任意攙越疆界往來相續需索糧用沿邊列鎭在處騷屑方
此公私板蕩之時辦應沒策將來之弊有不可言合無備將前因移咨
該部申加禁約不許擅自過江允爲便益等因具啓據此爲照小邦之
於大朝雖義同一家而彼此疆埸自有防截凡有大小通問之事或齎
該部文憑或奉該部口稱然後照驗酬應已爲常行之例而不擬有等
之輩卻行擅越討索之患有不可堪今若任其所爲不爲禁約則恐疆

域無別邊鎮不安煩乞貴部曲察咨內事意自今以後除有大段公幹
賫持文憑者外另行禁約不許越境攙行以安邊民以袪後弊不勝幸
甚爲此合行移咨請照驗施行須至咨者崇德五年十二月初四日
二十一日禮部張良弼送進朝鮮國王差陪臣懷恩君李德仁賫到

陳情本一封

朝鮮國王臣李倧謹奏爲仰陳切迫事情冀蒙聖明矜恕事臣欽蒙皇
上大恩再全宗社舉國臣民各保身家其爲感戴之誠與天無極一自
歸命之後皇上念此外藩民生如保一家之幼稚初年退歲貢之限次
年弛陸軍之徵今又特減九千包之貢米大朝覆育之恩至矣盡矣惟
是小邦人情習俗政事法令與大朝不同在小邦雖盡心竭力專意承

奉而自大朝視之則有若違慢干犯者然致有今日查究刷出之舉此皆臣不敏之罪也臣誠惶悶蹜蹴無容第此三色人刷出之難前已屢煩咨奏元非臣占惜容匿而敢違皇旨也今被大臣委臨境上尅期催刷諸道承風畏怯一齊搜括不暇區別其係應刷之類曾已潛匿委難訪得不應刷者自在奠居反不免橫罹之患未渡江走回者原係勅條免刷之類而渡江前後造次之閒有難詳察或有逃散軍兵詭稱被擄要免一時徵役復業之後因以被擄爲名者或有在我地贖放而未有文券者或有渡江後贖還而失其文券者皆不免混被究刷該司急於期會督迫入送寃號徹天至於追捕拘囚及於族鄰以一連十以十連百惶駭離散有鄉里盡空之處而亦不遑恤逃漢人亦有征倭時落留

娶我民爲妻生子者向化人等來投已久遠在百年之前其後孫已爲我民或有避役愚民曾前冒充稱向化者或有接居於逃故向化舊里者皆枉被抑勒拘送惟彼詭詐冒託之類罪則有之而法不應刷故發送之際怨咎盈路言多不測此輩入往之後歸怨本國或有構誣之端未可知也國人以此益懼如此等事情臣亦今始察覺不及報知於大臣前而先送刷人已聞渡江自此以後當係於皇上處分臣若不自陳達則皇上何從而察之乎上國籍法明整無所容匿此逃來人等必有主戶渡江前後被擄眞僞可以識別如蒙皇上仁恤特許查正庶幾寃枉者獲免而國人亦有奠居之望咸囿於覆燾之內其感祝欣戴當何如哉且小邦人心浮薄好傳訛言又有得罪失志之奸人謀欲交搆巧

一四〇

做讒說流聞上國大非其實苟非上國寬假之恩則小邦得罪已久矣
今茲拏究陪臣之舉實國人之所創見大小惴惴如不自保臣固不敢
辯釋於嚴威之下矣第臣忝守藩服所有臣民皆是皇上之臣民宜上
德而達下情乃臣之職也今見民生騷動之患國人洶懼之情而不自
吐露上聞則臣亦罪焉心之悃愊事之曲折有難以文字盡達茲敢委
差親近重臣前赴京師口陳於天陛之下庶幾皇上天地之大日月之
明有所採納而憐恕焉臣不勝惶悶切迫之至緣係仰陳切迫事情冀
蒙聖明矜恕事理爲此謹具奏聞右謹奏聞崇德五年十二月二十日
五月三十日禮部兀黑送進朝鮮國王差司宰監僉正李俒賫到與
禮部咨文一角

朝鮮國王爲進獻事議政府狀啓本年四月十七日據慶尙道觀察使具鳳瑞馳報備咸陽郡守李仁後牒呈節該上年十月分本郡新溪書院下住民元年掘土作屋得古人所埋置純金出身金論漢見之瞞稱黃錫略給價值沒數取去事項傳播等因得此卑職思忖得黃金非國土所產古人所藏一朝見發於愚氓之手大是異事渠當呈告於官家不可私自買賣所有金論漢瞞稱黃錫勒買取去尤極可惡即著本郡務要緝捕元年金論漢等探得原金去後回據本郡呈就拏元年金論漢等監囚拘問元年供稱本以流民本郡新溪院下初來寓接上年十月分掘土作室入處過冬每於夜間見有光暈騰上照灼室中又於夢寐有老人若有告語吉光者然心甚怪訝就掘光暈所著地面深入尺

許看然有聲因得一瓦罇發而視之果有所不識黃赤色樣之物大小
二十四片內一片有深刻字樣遇著鄰人金論漢示之論漢稱以黃錫
和買取去除外別無他情所供是實及責得金論漢供稱係是本郡住
接出身去正月分聞鄰人元年掘得埋金卻不合喃稱黃錫買取原金
一百二十兩一半埋置其族人之家一半賣與富商等處所供是實所
據金論漢等羈管聽候等因得此行據戶曹牒呈卽著本道觀察使等
官查問原金去處取囘去後囘據本官馳報卽將金論漢與公差人一
同前往原金去處一一查取得前後通共一百二十兩專差上送等因
得此臣等取而閱視金片上所刻乃宜春大吉四字也瓦罇蓋上又刻
一千年三字甚是奇異又使工人相視乃是上品赤金云啓奉明旨元

一四三

年所發黃金不惟物品珍貴所刻吉語合屬瑞符不宜國內私藏合著
該曹將得金人元年優給米布以准其値仍將原金沒數進獻以表予
事大至誠敬此合無備將前因移咨該部專差公幹人員賫進京師轉
奏皇上允爲便益等因具啓據此爲照黃金原非本土物產又非市上
行貨乃國中絕希之珍也咸陽郡新溪書院原係新羅古寺遺基想必
千載之前有一種神智之人得此希代之寶不爲己有刻留大吉兆讖
以爲異代瑞物而其地既爲丘墟則其間築室耕田者又不知其幾百
遍變動也苟非天地所祕鬼神所護則豈有到於今始發見之理乎當
職竊稽前史玉杯銀瓮之瑞必出於休明之世以表天人之慶伏維大
朝光膺天命肇創大業威烈震於寰宇仁恩洽於遐壤神祇幽贊福祥

乃集今此千年所藏上品兼金大吉刻文忽發於大朝所庇覆之藩國
地方其爲聖世之嘉瑞泰平之玄符昭昭無疑矣小邦寡德薄祚不常
私祕而自寶宜歸之上國表著休徵允協事理除將原金二十四片絲
兵碎屑合一百二十兩專差司宰監僉正李俔齎捧呈進外合行移咨
煩乞貴部轉奏進獻施行須至咨者崇德六年五月十三日
至二十九日到部本院大學士范・習・噶・奏過奉旨分付禮部收
原金一一查赴原差來李俔賚回去訖
六月二十五日戶部承政英陳送進朝鮮國王咨文一角
朝鮮國王爲也春饑民賑給事議政府狀啓本年四月二十日據咸鏡
道觀察使呂爾徵馳啓備慶興府金汝水牒呈節該也春住居億送同

一四五

長道等騎坐馬匹八名步行十四名到來說稱也春居民男婦老弱通共四五百名口前秋失稔歲飢之後飢死者十餘人上年春貴國救給穀物有未盡輸者今請特爲給發以濟許多將死之命則義甚厚矣府使答說上年輸給穀物之時沙乙糾已將本穀名數詳細開錄以去本國亦將各穀名數奏知皇上豈有未畢輸者乎本人仍說曾欲差人請於大朝而非但人飢馬瘦月餘日之程勢難得達往返文移之際動經時月一屯人名殆死無餘聞得貴國撥路傳致文書一朔之內猶可往返節制使先發數百穀物以救朝夕之急仍啓知貴國朝廷備將也春失稔人民飢死實狀及貴國經先發穀賑救事情奏達皇上則俺等亦當自此從後差人告於皇帝前矣府使答稱本國數年以來連年失稔

上年尤甚官儲已竭我民賑救尚且不贍更無餘力可以相救然你每所訴切迫當即啓知朝廷處置矣仍將口糧米鹽給與開諭回送等因得此臣等竊照也春地方與我國接近飢饉切迫不可忽視本道邊儲垂竭縱未能優數充給合無特發若干穀物以副其請允爲便益等因具啓據此爲照也春飢餓者係是上國人民不可不急時救接即飭該曹十分料理行會本道觀察使除將一百包穀物另加賑給外合行移咨煩乞貴部查照咨內事意以憑轉奏施行須至咨者崇德六年六月初五日

八月十一日戶部車兒格布當孤兒馬洪等送進朝鮮國王奏本一封事差陪臣禮曹佐郎盧尚賢齎到

朝鮮國王臣李倧謹奏爲懇乞聖明俯察小邦情勢勿令數替軍兵以
紓民力毋悞師期事議政府狀啓本年五月十五日據世子陪從宰臣
金藎國等馳報節該本月初七日欽奉聖旨柳琳軍兵不可過冬後起
軍馬一依前數赴錦州軍前交替等因據此已著抄選知會給資治裝
上緊前赴去後續據全慶等道觀察使等官馳報交替軍兵依奉分付
雖已抄選調送而徵發之役再出於半年之內前起纔往後起卽繼資
裝之費萬分難支委屬悶慮等因據此臣等竊照今此大國徵師遠赴
錦州地方則自我國外方至王京自王京至大國軍前其間道程三千
里在行日子動經數月軍前交替雖在於半年之後而徵發之令必須
預爲知會然後聚集王京犒給以送則徵赴之頻數民力之凋敝理所

然也賫送之物夫馬之役前後相續殆無休息遑遑汲汲常恐不及百
爾拮据罔知攸措合無備將此等情因轉奏皇上自今以後勿爲數替
使已赴之軍仍爲留戍一如古時及瓜之代允爲便益等因具啓據此
臣竊詳小邦兵制與大國規模不同遼左遠役又與近地調用有異抄
選徵集之難賫裝脚力之費誠如議臣所言者皇上軫念戍卒之苦有
此替代之命其在小邦惟當感悅承奉之不暇而第念前起之赴未久
後起之軍繼發大小賫裝皆責於孑遺之民而連年凶歉之餘內外赤
立竭力奔遑無以措辦物力既殫於賫送夫馬又疲於轉輸此則小邦
悶迫之私而尤恐遠路行師或未及期有犯軍令則上未報皇上軫恤
之仁下未暴小邦奔命之義此實小邦君臣上下夙夜憂惶者也伏乞

一四九

一五〇

皇上曲垂憐察特軫小邦難支之情勢久其期限勿令數替使小邦少
紓餘力庶伸區區事大之誠不勝幸甚緣係懇乞聖明俯察小邦情勢
勿令數替軍兵以紓民力毋悮師期事理為此謹具奏聞右謹奏聞伏
候聖旨崇德六年七月十三日
本日大學士剛范習口奏過另寫勅諭與賫去
本日與兵部咨文一角亦言前事云云另寫回咨與他
十二日代兵部寫與朝鮮國王回咨一道交與丁文盛挐去
兵部為懇乞聖明俯察小邦情勢勿令數替軍兵以紓民力毋悮師期
事本月十一日據來咨所言數替軍兵事理已經奏聞隨奉聖旨留戍
之期當如其所言但戍兵應用衣糧務要接續送到軍前不得有悮欽

此欽遵合行回咨貴國照驗施行須至咨者

同日寫與朝鮮國王勅諭一道著彼國原差官禮曹佐郎盧尙賢賫

回

皇帝勅諭朝鮮國王李倧知道朕閱來奏云數替軍兵路遠艱辛民力

凋敝欲留戍爲及瓜之代此亦有理當如王所請但戍兵應用衣糧務

要接續送到軍前不得有悞欽哉特諭

清入關前與高麗交涉史料終

勘誤表

頁	行	誤	正
八	九	迴	迴
一八	八	今城中之人	今此城中之人
二八	六	羸	羸